PETIT
COURS D'HISTOIRE

AVEC QUESTIONNAIRES

A L'USAGE

DES MAISONS D'ÉDUCATION

SUIVI

D'UN ABRÉGÉ DE COSMOGRAPHIE, DE PHYSIQUE

ET DE CHIMIE

PAR

Sr St F. X. D. J.

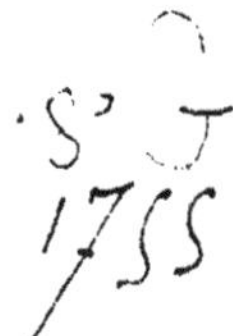

HISTOIRE ANCIENNE

D. *Quel est le premier empire qui ait existé ?*

R. L'empire d'Assyrie dont Babylone fut la capitale.

D. *Qui fonda l'empire d'Assyrie ?*

R. Ce fut Nemrod.

D. *Par qui la ville de Babylone fut-elle fondée ?*

R. Par Nemrod et quelques chasseurs sur les bords de l'Euphrate.

D. *Quel fut le fondateur de Ninive ?*

R. Nynus, fils de Nemrod.

D. *Quelle femme célèbre épousa Nynus ?*

R. Sémiramis, une des femmes les plus célèbres dont l'histoire fasse mention. Elle gouverna l'empire d'Assyrie après la mort de Nynus qu'elle fit mourir. Elle embellit la ville de Babylone et y fit construire des jardins suspendus et d'immenses murailles qui furent l'une des sept merveilles du monde.

D. *Nommez les sept merveilles du monde.*

R. 1º Les murailles et les jardins de Babylone ; 2º Le Phare d'Alexandrie ; 3º Le Tombeau de Mausole ;

Caire. Elles étaient destinées à servir de tombeau aux rois d'Egypte. La plus grande a à sa base carrée trois cent vingt mètres sur chaque face; sa hauteur est de cent soixante mètres; les pierres qui forment les Pyramides sont toutes énormes; la moindre a dix mètres de long.

D. *Quelles expéditions entreprit Sémiramis ?*

R. Sémiramis, à la tête d'une armée composée de trois millions de fantassins, et cinquante mille cavaliers, soumit toutes les contrées de l'Asie centrale et occidentale; et même l'Egypte et l'Ethiopie.

D. *Comment mourut Sémiramis ?*

R. Elle fut mise à mort par son fils Ninias.

D. *Quelle inscription orgueilleuse avait-elle composée pour être gravée sur son tombeau ?*

R. La nature m'a donné le corps d'une femme et mes actions m'ont rendue l'égale des hommes les plus vaillants.

D. *Par qui la ville de Sémiramis fut-elle assiégée sous ses descendants ?*

R. Par Cyrus, roi des Perses, tandis que Balthazar, le plus impie des rois de Babylone, se livrait à de honteuses voluptés.

D. *Comment la ville de Babylone fut-elle prise ?*

R. Cyrus ayant fait creuser pendant la nuit un nouveau lit à l'Euphrate, les eaux de ce fleuve s'y jetèrent avec impétuosité. Aussitôt les Perses entrèrent dans la ville par le lit du fleuve et se rendirent maîtres de la superbe Babylone.

D. *Quel fut le sort de Ninive ?*

R. Ninive, la rivale de Babylone, fut renversée de fond en comble par Cyaxare, roi des Mèdes.

On a ignoré pendant de longs siècles l'endroit où s'élevait cette ville. Un artiste français et un savant italien viennent d'en découvrir ses ruines.

D. *Parlez des mœurs de Sardanapale descendant de Sémiramis.*

R. Sardanapale était un prince efféminé et lâche qui passa sa vie dans les plaisirs et dans des occupations indignes d'un souverain. Son nom est resté aux princes qui lui ressemblent.

D. *Comment mourut Sardanapale ?*

R. Arbacès, indigné de la conduite de ce prince, voulut le détrôner. Le roi attaqué dans son palais y fit allumer un immense bucher où il se précipita avec ses femmes et ses trésors.

D. *Quelle inscription avait composé Sardanapale?*

R. La voici, elle fut gravée au pied de sa statue : Passant, écoute le conseil de Sardanapale : mange, bois et divertis-toi, tout le reste n'est rien. Epitaphe digne non d'un homme, mais d'un pourceau.

D. *Quel a été le plus ancien des peuples policés ?*

R. Les Egyptiens.

D. *Décrivez le sol de l'Egypte.*

R. La terre d'Egypte est très fertile; les plantes de toute espèce y croissent avec une rapidité extraordinaire. C'est le Nil qui change en un sol fertile le sable aride du désert. Il supplée aux pluies qui ne tombent jamais en Egypte.

D. *Quel a été le roi le plus célèbre de l'ancienne Egypte ?*

R. Ce fut le fameux Sésostris qui avait été élevé par les ordres d'Aménophis son père avec tous les enfants nés le même jour que lui, de sorte que quand

il monta sur le trône, il se trouva entouré d'autant
d'habiles capitaines, attachés à sa personne par les
liens de l'affection la plus solide.

D. *A quels soins utiles se livra Sésostris ?*

R. Après avoir soumis l'Ethiopie, la Syrie, l'Armé-
nie, il s'occupa à creuser un grand nombre de canaux
pour répandre la fertilité dans tout le pays.

D. *Que reproche-t-on à Sésostris ?*

R. Sésostris ternit sa gloire par sa conduite orgueilleuse et cruelle envers les vaincus; il ne parais-
sait dans les cérémonies publiques que sur un char
attelé de quatre rois enchaînés.

D. *Comment mourut Sésostris ?*

R. Il devint aveugle dans sa vieillesse, et se donna
la mort de désespoir.

D. *Quelle entreprise fit Néchao, roi d'Egypte ?*

R. Il entreprit de creuser un canal pour joindre la
Méditerranée à la mer Rouge, mais il ne put pas terminer ce grand et difficile travail.

D. *Par qui ce travail a-t-il été terminé ?*

R. Par les Français, vers le milieu du dix-neuvième
siècle.

D. *Qui abolit en Egypte l'épouvantable coutume
des sacrifices humains ?*

R. Ce fut le roi Amasis, homme de la plus obscure
origine, voleur de profession; plus tard il embrassa la
carrière des armes, et s'éleva aux premiers grades par
son mérite.

D. *Quelle était la religion des Egyptiens ?*

R. Leur religion offrait le plus monstrueux assem-
blage de superstitions grossières. Là, selon l'expression
de Bossuet, tout était Dieu excepté Dieu lui-même.

D. *Quels monuments remarque-t-on en Egypte ?*

R. On y remarque les trois pyramides qui s'élèvent comme des montagnes au milieu des sables du désert. La plus haute fut mise au nombre des sept merveilles du monde. On y remarque aussi le lac Mœris creusé par le roi de ce nom. Les Obélisques, les Temples, etc.

D. *Quels étaient les principaux états de l Asie Mineure ?*

R. On remarquait principalement les Phrygiens, les Troyens et les Lydiens.

D. *Quel fut le roi le plus remarquable de la Phrygie?*

R. Ce fut Midas qui éprouva que la richesse est impuissante à donner le bonheur.

D. *Par qui la Lydie était-elle gouvernée ?*

R. Par les Héraclides qui y régnèrent pendant six cents ans.

D. *De qui descendaient les Héraclides ?*

R. D'Hercule et de la reine Omphale. Le dernier de cette race fut Candaule qui fut assassiné par Gygès qui épousa la reine veuve.

D. *Quelle était la passion principale des Lydiens ?*

R. C'était le jeu : car après avoir joué leur fortune ils jouaient leurs femmes et leurs enfants, et ils finissaient par se jouer eux-mêmes; dans une famine ils en calmaient les tourments de la faim.

D. *Quel fut le plus célèbre des successeurs de Gygès ?*

R. Ce fut le fameux Crésus. Ce prince devint le plus opulent de tous les rois. Il était plein de considération pour Ésope.

D. *Devant qui Crésus déploya-t-il toutes ses richesses ?*

R. Devant Solon, l'un des sept sages de la Grèce. Ce grand législateur dit à Crésus qu'un mortel ne pouvait être appelé heureux que quand il l'avait été jusqu'à la fin de ses jours.

D. *Quelle fut la fin de Crésus ?*

R. Ce prince fut attaqué par Cyrus qui le vainquit à la bataille de Timbrée ; puis dans les murs de Sardes ; et après avoir été dépouillé de ses richesses il termina obscurément sa vie dans une province éloignée.

D. *Comment avait été élevé Cyrus ?*

R. Ce prince fut élevé avec tous les enfants de son âge et soumis comme eux à l'éducation la plus rude et la plus austère des Perses.

D. *Quelle était la nourriture des jeunes Perses ?*

R. Ils ne mangeaient que du pain et quelques légumes, et ils passaient presque toutes les nuits sous les armes pour garder les villes.

D. *Quelle fut la conduite de Cyrus à la cour d'Astyage ?*

R. Ce prince fut conduit à l'âge de 12 ans à la cour d'Astyage où il apprit l'art de gouverner sans se laisser corrompre par les mœurs de la Médie ; et quoique le faste et la magnificence régnassent partout, il sut conserver les habitudes simples et frugales qu'il avait contractées dès son enfance.

D. *Quel empire fut renversé par Cyrus ?*

R. Ce fut l'empire d'Assyrie. Cyrus s'empara de la ville de Babylone qui en était alors la capitale, en détournant le cours de l'Euphrate ; Balthazar fut vaincu et son empire fut soumis aux Perses.

D. *Quelle fut la conduite de Cyrus à l'égard des Juifs ?*

R. Il rendit la liberté aux Juifs qui étaient en captivité à Babylone ; il ne garda que le prophète Daniel qu'il éleva aux plus hautes dignités.

D. *Quel empire fut fondé par Cyrus ?*

R. L'empire Perse qui fut un des plus vastes qui aient existé.

D. *Quels ont été les plus grands rois de Perse ?*

R. Cyrus et Cambyse son fils qui fit la conquête de l'Egypte.

D. *Quelle est la contrée située en face des rivages de l'Asie Mineure ?*

R. C'est la Grèce dont la capitale est Athènes ; cette ville fut fondée par l'Egyptien Cécrops.

D. *Qu'était-ce que l'Aréopage établi à Athènes ?*

R. C'était le plus ancien tribunal et le plus respecté de la Grèce.

D. *En quoi les Athéniens se sont-ils rendus célèbres ?*

R. Par leur courage et leur manière de faire la guerre, par la sagesse de leurs philosophes, l'éloquence de leurs orateurs, les chef-d'œuvres de leurs artistes et surtout par cette politesse exquise qui les distingua de tous les autres peuples de la terre.

D. *Qui apprit aux Grecs l'art de construire des vaisseaux ?*

R. Ce fut l'Egyptien Danaüs.

D. *Qui enseigna aux Grecs l'art de l'écriture ?*

R. Ce fut le Phénicien Cadmus.

D. *A qui attribue-t-on l'art de faire mouvoir les vaisseaux avec des voiles ?*

R. A Dédale, homme d'un grand génie qui habitait l'île de Crète.

D. *Quels furent les législateurs des Grecs ?*

R. Lycurgue, Dracon et Solon.

D. *Comment étaient gouvernés les Grecs ?*

R. D'abord par des rois, ensuite ils s'érigèrent en République.

D. *Quel fut le premier roi de Perse qui attaqua les Grecs ?*

R. Darius.

D. *Par qui Darius fut-il vaincu ?*

R. Par Miltiade à la bataille de Marathon. Ce grand capitaine, à la tête de dix mille hommes, vainquit les Perses qui étaient vingt fois plus nombreux, car Darius comptait cinq cent mille hommes dans son armée.

D. *Quel fut le second roi de Perse qui attaqua les Grecs ?*

R. Xercès.

D. *Par qui Xercès fut-il d'abord arrêté au passage des Termopyles ?*

R. Par Léonidas, roi de Sparte. Ce héros avec trois cents compagnons tua vingt mille Perses en défendant le passage des Termopyles; mais il fut accablé par le grand nombre des ennemis.

D. *Par qui Xercès fut-il entièrement vaincu ?*

R. Par le célèbre Thémistocle à Salamine.

D. *Quels furent les vainqueurs des Perses à la bataille de Platée ?*

R. Pausanias et Aristide. Apres cette bataille, les

Perses furent tout à fait chassés de la Grèce, et Xercès qui était entré en Grèce avec deux millions de soldats dut s'en retourner couvert de honte.

D. *Quel fut l'homme qui montra le plus de talent pour gouverner les Athéniens ?*

R. Ce fut Périclès. Mais on lui reproche d'avoir excité les Athéniens contre les Spartiates, ce qui donna lieu à la guerre du Péloponèse.

D. *Combien de temps dura la guerre du Péloponèse ?*

R. Vingt-sept ans.

D. *Qui délivra Athènes de l'oppression où l'avait réduite Sparte ?*

R. Trasybule.

D. *Quel fut le plus sage des Athéniens et le modèle de la vraie philosophie ?*

R. Socrate. Sa vertu lui attira des jaloux et il fut condamné à boire la cigüe.

D. *Quelle fut la conduite des Grecs à l'égard des grands capitaines qui lui avaient rendu d'importants services ?*

R. Ce peuple léger fit mourir Miltiade dans un cachot. Il exila Aristide et il chassa Thémistocle d'Athènes.

D. *Par qui la Grèce fut-elle soumise ?*

R. Par Philippe, roi de Macédoine.

D. *Où et par qui fut élevé Philippe de Macédoine ?*

R. Ce prince apprit l'art de la guerre chez les Thébains, près de Pélopidas et d'Epaminondas, et il alla à Athènes recevoir les leçons de Platon et d'Aristote.

D. *Quel était le caractère de Philippe ?*

R. Ce prince était habile et courageux, mais il s'abandonna aux excès de la boisson.

D. *Quel fut le plus redoutable ennemi de Philippe, roi de Macédoine ?*

R. L'orateur Démosthène, mais son éloquence ne put empêcher Philippe d'entrer en Béotie, où Alexandre, fils de Philippe, se couvrit de gloire en gagnant la bataille de Chéronée, quoiqu'il ne fut âgé que de seize ans; dès lors la Grèce fut soumise à la Macédoine.

D. *Quel projet avait formé Philippe ?*

R. Celui de soumettre la Perse. Il ne put le réaliser parce qu'il fut assassiné.

D. *Qui succéda à Philippe ?*

R. Son fils Alexandre-le-Grand.

D. *Quel fut le précepteur d'Alexandre-le-Grand ?*

R. Le philosophe Aristote qui avait déjà donné des leçons au père d'Alexandre dans la ville d'Athènes.

D. *Quel empire fut fondé par Alexandre ?*

R. L'empire Grec.

D. *Quelle fut la conduite d'Alexandre envers la famille de Darius, dernier roi de Perse ?*

R. Ce grand prince traita la reine et les princesses avec toutes sortes d'égards.

D. *Quel fut le plus merveilleux exploit d'Alexandre ?*

R. Ce fut le siége de la ville de Tyr.

D. *Comment Alexandre traita-t-il les Juifs ?*

R. Le vainqueur de l'Asie s'inclina avec respect devant Jaddus, grand-prêtre. Il épargna la ville de

Jérusalem et il laissa les Juifs libres d'observer les pratiques de leur culte.

D. *Quelle ville Alexandre fonda-t-il en Egypte ?*

R. La ville d'Alexandrie dont il traça le plan lui-même.

D. *Dans quelle bataille Alexandre perdit-il son fameux cheval Bucéphale ?*

R. Dans la bataille d'Hidaspe aux Indes.

D. *Quel grand projet avait formé Alexandre ?*

R. Il voulait subjuguer l'Europe après avoir conquis l'Asie.

D. *Comment mourut Alexandre-le-Grand ?*

R. Ce prince, le plus accompli dans sa jeunesse, mourut des suites de son intempérance à l'âge de trente-deux ans. Il se souilla de plusieurs crimes à la fin de vie, et dans son fol orgueil il se fit adorer comme fils de Jupiter.

D. *Comment fut partagé l'empire d'Alexandre ?*

R. Après la mort de ce grand prince, son vaste empire fut partagé entre ses lieutenants.

D. *Combien de temps subsista encore l'empire d'Alexandre ?*

R. Il dura encore plusieurs siècles sous le nom d'Empire grec parce que tous les rois qui se le partagèrent étaient grecs d'origine.

D. *Par qui fut renversé l'empire grec ?*

R. Par les Romains.

HISTOIRE ROMAINE

D. *Par qui la ville de Rome a-t-elle été fondée ?*

R. Par Romulus, Rémus et trois cents bergers. Plus tard ils y appelèrent trois mille brigands qui furent mariés à trois mille sabines qu'ils enlevèrent par ruse.

D. *Quel a été le premier roi de Rome ?*

R. Romulus, après avoir tué son frère Rémus, fut roi de Rome.

D. *Que devons-nous admirer dans Romulus ?*

R. Son esprit et ses grands talents, puisqu'il trouva le moyen d'assujettir ce peuple de brigands à de bonnes lois qu'ils observèrent avec exactitude.

D. *Comment mourut Romulus ?*

R. Il fut assassiné dans le Sénat, son corps fut coupé par petits morceaux, chaque sénateur en emporta un sous sa robe, et ils dirent que Jupiter l'avait enlevé.

D. *Qui succéda à Romulus ?*

R. Numa Pompilius, qui bâtit un temple à Janus.

D. *Racontez le combat des Horaces et des Curiaces.*

R. Dans une guerre entre les Albains et les

Romains, quelques personnes proposèrent, pour épargner le sang, de faire combattre trois frères nommés Horaces, avec trois frères nommés Curiaces, et il fut convenu que la ville dont les champions seraient victorieux serait regardée comme la maîtresse de l'autre. Les Curiaces furent vaincus et Horace entra triomphateur à Rome qui fut maîtresse de la ville d'Albe.

D. *Par quel prodige fut marquée l'arrivée à Rome de Tarquin l'Ancien ?*

R. Tarquin était un chef étrusque, homme riche, éloquent et courageux. Comme il approchait de Rome, monté sur un char avec sa femme Tanaquil, un aigle vint enlever le bonnet qui couvrait la tête de Tarquin, l'emporta au haut des airs en poussant de grands cris, et vint le replacer après avoir plané quelque temps au-dessus du char. Tanaquil embrassa son mari en lui disant que le sort le plus brillant lui était réservé. Peu de temps après, Rome le choisit pour roi.

D. *Quel édifice fut construit par Tarquin le Superbe ?*

R. Le Capitole, qui devait servir à la fois de temple et de forteresse.

D. *Parlez de la sibylle de Cumes.*

R. La sibille de Cumes était une femme avancée en âge, qui offrit à Tarquin le Superbe neuf volumes d'une grande importance.

D. *Dites si Tarquin les accepta.*

R. Il les refusa. Alors la sibylle en jeta trois dans un brasier, et demanda le même prix pour les six autres. Le roi refusa de nouveau. Elle brûla encore trois livres, et elle demanda encore le même prix. Tarquin étonné acheta les trois derniers, parce que la sibylle lui affirma que ces livres renfermaient les secrets de l'avenir. On les plaça dans le Capitole où on les consultait avant de rien entreprendre.

D. *Qui était Junius Brutus et que lui arriva-t-il à Delphes ?*

R. Brutus était neveu de Tarquin le Superbe, il alla consulter l'oracle de Delphes avec les fils de Tarquin. L'oracle dit que celui qui embrassera le premier sa mère, serait chef des Romains. A ces mots, Brutus se laissa tomber comme par hasard et embrassa la terre, mère commune de tous les hommes.

D. *Comment mourut la belle et vertueuse Lucrèce?*

R. Cette vertueuse femme fut grossièrement outragée par Sextus Tarquin. Lucrèce ne voulant pas survivre à cet affront, se poignarda en présence de Collatin son mari, et de Brutus.

D. *Comment fut-elle vengée ?*

R. Brutus arracha le poignard du corps de Lucrèce, emporta le cadavre tout sanglant sur la place publique, raconta aux Romains ce qui était arrivé. Les Tarquins furent chassés de Rome, la République fut proclamée, et Brutus et Collatin furent nommés consuls.

D. *Combien de temps la monarchie avait-elle duré à Rome ?*

R. Deux cent quarante-quatre ans, sous le règne de sept rois.

D. *Comment moururent les fils de Brutus ?*

R. Ils furent condamnés à être frappés de verges et à avoir la tête tranchée, parce qu'ils avaient conspiré contre la République. Brutus assista à leur supplice.

D. *Comment étaient divisés les Romains ?*

R. En deux classes : les patriciens ou les nobles, les plébéiens ou le peuple.

D. *Qu'est-ce que c'était que les décemvirs?*

R. C'étaient dix magistrats établis pour rédiger les lois.

D. *Qu'est-ce que c'était que les tribuns ?*

R. C'étaient des magistrats pris dans la classe du peuple et chargés de veiller à ses intérêts ?

D. *Quelles furent les plus fameuses guerres que les Romains eurent à soutenir ?*

R. Les guerres puniques contre les Carthaginois, la guerre contre Jugurtha, la guerre contre Mitridate et les guerres civiles.

D. *Racontez un trait héroïque d'Horacius Coclès.*

R. Horacius était un soldat romain qui arrêta seul à l'entrée d'un pont de bois une armée formidable commandée par Porsenna, qui s'approchait de Rome pour y replacer les Tarquins. Pendant le combat héroïque d'Horacius Coclès, ses compagnons coupèrent le pont par derrière, et l'ennemi ne put traverser le Tibre.

D. *Qui était Mucius Scévola ?*

R. C'était un jeune romain qui se rendit, dans la tente de Porsenna, qui avait posé le siége devant Rome, pour l'assassiner, mais il poignarda le secrétaire, et pour punir sa main de s'être trompée, il la mit au milieu des flammes et la laissa consumer sans faire entendre un seul gémissement.

D. *Qui était Clélie ?*

R. C'était une jeune romaine qui avait été donnée en ôtage à Porsenna ; elle échappa à ses gardiens, sauta sur un cheval qu'elle aperçut dans la campagne, le lança sans hésiter dans les eaux du Tibre, et traversa ainsi le fleuve.

D. *Parlez de Coriolan.*

R. Coriolan était un Romain nommé Marcius; il fut condamné à un exil perpétuel, mais il jura de se venger. Peu de temps après, il revint à la tête des Volsques poser le siége devant Rome consternée. Il repoussa avec dédain toutes les députations du Sénat romain. Il fut sourd aux prières même des ministres de la religion.

D. *Qui fléchit ce fier patricien pour qu'il épargnât Rome ?*

R. Ce fut sa mère Véturie, qui se jeta à ses pieds pour lui demander le salut de sa patrie. Coriolan la relève en lui disant : Rome est sauvée, mais votre fils est perdu. Il leva en effet le siége, mais il fut assassiné par les Volsques.

D. *Qu'était-ce que la porte Scélérate ?*

R. C'était la porte par où sortit la célèbre et petite armée qui porta le ravage et l'épouvante dans toute l'Etrurie. Elle était composée d'une seule famille (trois cents Fabius). Ils périrent tous dans une embuscade ; des Fabius, il ne resta qu'un enfant.

D. *Qui était Cincinnatus ?*

R. C'était un Romain honoré de ses concitoyens pour ses vertus simples et modestes autant que pour son habileté et sa valeur au combat.

D. *A quoi s'occupait-il quand on alla lui offrir le titre de dictateur ?*

R. A cultiver un champ de deux hectares au-delà du Tibre ; il conduisait lui-même la charrue, qu'il quitta pour reprendre son épée. Après une brillante campagne de seize jours, il délivre l'armée romaine et oblige les Eques à passer sous le joug. Puis il abdiqua le pouvoir suprême et retourna à sa charrue.

D. *Que fit le père de Virginie pour la soustraire aux outrages d'Appius ?*

R. Ce père, désolé de voir que le décemvir Appius lui enlevait sa fille, aussi vertueuse que belle, pour la déshonorer, demanda à lui dire un dernier adieu. Au même instant, il saisit un couteau et perce le cœur de Virginie. Le peuple indigné contre le décemvir se souleva et tous les décemvirs furent mis à mort.

D. *Quelle fut la conduite de Camille envers les Falisques ?*

R. Ce grand capitaine romain refusa d'entrer dans la ville de Faléries par trahison, en retenant les enfants que le maître d'école livrait à son pouvoir. Les Falisques, touchés de la générosité de Camille, lui ouvrirent aussitôt leurs portes.

D. *Sur qui Camille remporta-t-il une victoire célèbre ?*

R. Sur les Gaulois, qui étaient entrés dans Rome laissée déserte par les Romains, qui s'étaient enfuis d'épouvante. Les jeunes gens s'étaient retirés au Capitole.

D. *Par qui le Capitole fut-il sauvé ?*

R. Brennus, chef des Gaulois, essaya de prendre la forteresse pendant la nuit ; ses soldats touchaient au sommet des remparts, quand les oies consacrées à Junon poussèrent de grands cris et réveillèrent Manlius qui précipita les assaillants du haut des murailles.

D. *Quelle fière réponse fit Camille à Brennus ?*

R. Les Romains, dit-il, rachètent leur patrie avec du fer et non avec de l'or.

D. *Comment mourut Manlius ?*

R. Il fut précipité du haut de la roche Tarpéienne, en face du Capitole qu'il avait si glorieusement défendu.

D. *Qui était Manlius Torquatus ?*

R. C'était le fils du défenseur du Capitole. Il vainquit un Gaulois d'une taille colossale et lui enleva son collier d'or, ce qui le fit surnommer Torquatus.

D. *Comment périt le fils de Manlius Torquatus ?*

R. Ce jeune capitaine fut garrotté, battu de verges et décapité par les ordres de son père, pour avoir combattu un ennemi sans ses ordres.

D. *Qu'était-ce que les Fourches Caudines ?*

R. C'était un chemin très étroit dans les montagnes où s'étaient engagés les Romains poursuivis par les Samnites. Ceux-ci leur accordèrent la vie, mais les firent passer sous le joug, c'est-à-dire que, désarmés et demi-nus, ils passèrent devant les Samnites.

D. *Qui était Pyrrhus ?*

R. C'était un roi d'Epire, que les Tarentins appelèrent à leur secours contre les Romains. Il les rencontra près d'Héraclès, et, au milieu de la bataille, il fit tout à coup avancer ses éléphants. Les Romains furent saisis de terreur, ils prirent la fuite, laissant quinze mille morts sur le champ de bataille.

D. *Qui était Fabricius Caïus ?*

R. C'était un Romain que Pyrrhus estimait beaucoup, parce qu'il était admirable par la simplicité de ses mœurs. Hors du combat, il vivait dans une modeste chaumière, mangeant près de son foyer dans des plats de bois.

D. *Que répondit 'ce grand homme aux Samnites qui lui offrirent de l'or ?*

R. Tant que je saurai commander à mes passions, dit le Romain, je n'aurai que faire de ces richesses ; reportez-les à ceux qui en ont besoin. Il refusa également les présents de Pyrrhus, qui voulait le séduire.

D. *Dites ce que Pyrrhus fit offrir à Fabricius ?*

R. Il lui fit offrir le quart de son royaume, s'il voulait s'attacher à lui.

D. *Que répondit Fabricius ?*

R. Si vous me croyez un homme de bien, pourquoi essayez-vous de me corrompre ; si vous me croyez un malhonnête homme, pourquoi désirer m'avoir près de vous ?

D. *Que proposa à Fabricius un médecin de Pyrrhus ?*

R. Ce traître lui proposa, moyennant une somme d'argent, d'empoisonner Pyrrhus. Fabricius, pour toute réponse, fit garrotter cet homme et l'envoya à son maître, en l'informant de ce qui s'était passé.

D. *Que dit Pyrrhus ?*

R. Il s'écria : On détournerait plutôt le soleil de sa route que Fabricius des voies de la vertu.

D. *Avec quelle ville les Romains eurent-ils une grande guerre à soutenir ?*

R. Avec Carthage.

D. *Où était située la ville de Carthage ?*

R. Sur les côtes de l'Afrique, en face de la Sicile.

D. *Par qui fut fondée cette ville ?*

R. Par Didon, sœur de Pygmalion, roi de Phénicie. Cette princesse, chassée par son frère, aborda en Afrique, où elle demanda pour s'établir autant de terrain qu'une peau de bœuf pourrait en contenir. On le lui accorda sans peine.

D. *Comment fit-elle tailler cette peau ?*

R. En lanières aussi fines que possible et entoura ainsi une grande quantité de terrain.

D. *Quelle était la forme du gouvernement Carthaginois ?*

R. Le gouvernement était organisé avec tant de sagesse, que pendant cinq siècles entiers il ne fut troublé par aucune révolution.

D. *Qui osa attaquer Carthage ?*

R. Un grand capitaine romain, nommé Régulus. Tout d'abord, il fut vainqueur; mais plus tard ayant été fait prisonnier et ayant, dans une négociation, conseillé aux Romains de ne pas accepter les conditions du traité de paix proposé par les Carthaginois, il fut condamné par ceux-ci à subir des tortures épouvantables.

D. *Quel grand capitaine Carthaginois fit la conquête de l'Espagne ?*

R. Amilcar, et après lui son gendre Asdrubal.

D. *Quel serment Amilcar avait-il exigé d'Annibal son fils, âgé seulement de neuf ans ?*

R. Il lui avait fait jurer une haine éternelle aux Romains. Annibal, qui fut peut-être le plus grand capitaine de l'antiquité, fut fidèle à son serment. Il traverse les Alpes, ravage l'Italie; il allait être vaincu par le sage Fabius quand, par ruse, il chercha à le faire disgracier.

D. *Par qui Fabius fut-il remplacé pour combattre Annibal ?*

R. Par Varron et Paul-Emile, qui furent vaincus par le général Carthaginois à la bataille de Cannes. Un vent impétueux favorisa cette victoire. On remplit un boisseau entier des anneaux d'or que les Romains portaient aux doigts en titre de leur dignité : plus de cinquante mille demeurèrent sur le champ de bataille.

D. *Pourquoi Annibal quitta-t-il l'Italie avant d'en avoir fini la conquête ?*

R. Il quitta l'Italie pour aller défendre Carthage attaquée par Scipion Publius, jeune et célèbre capitaine romain. Rome ne pouvant vaincre et chasser Annibal, attaqua Carthage pour qu'il y fût rappelé ; ce qui réussit, car Annibal quitta l'Italie après s'y être maintenu seul pendant dix-sept ans.

D. *Dites si Scipion eut une entrevue avec Annibal.*

R. Oui, ces deux grands hommes se regardèrent longtemps en silence, saisis l'un pour l'autre d'une égale admiration : mais ils ne purent s'entendre sur les conditions du traité. Ils combattirent encore, et Scipion fut vainqueur.

D. *Comment mourut Annibal ?*

R. Il s'empoisonna en avalant un poison subtil qu'il portait toujours sur lui. Ce grand capitaine avait été forcé de quitter son ingrate patrie.

D. *Comment mourut Scipion l'Africain ?*

R. Le vainqueur de Carthage fut exilé et il mourut à sa campagne de Literne. Il défendit à sa femme de porter ses restes dans son ingrate patrie.

D. *Comment nommez-vous les guerres que Rome eut à soutenir contre Carthage ?*

R. Guerres Puniques.

D. *Qui était Caton le Censeur ?*

R. C'était un Romain qui s'était fait remarquer dans sa jeunesse par ses habitudes austères. Il était vêtu d'étoffes grossières, il travaillait dans les champs avec ses esclaves, il se désaltérait avec de l'eau mêlée de vinaigre, il parcourait à pied la province dont il était gouverneur, et quitta le gouvernement aussi pauvre qu'il l'avait reçu. Il fut nommé Censeur et releva la République romaine en réformant les mœurs.

D. *Qui était Cornélie ?*

R. C'était la fille de Scipion l'Africain. Cette belle et vertueuse romaine refusa d'épouser un roi d'Egypte parce qu'elle voulait rester Romaine.

D. *Qui épousa-t-elle ?*

R. Le romain Gracchus dont elle eut deux fils qui devinrent célèbres.

D. *Citez quelques belles paroles de Cornélie.*

R. Un jour une de ses amies étalait devant elle toutes ses pierreries et vantait la beauté de ses joyaux ; Cornélie lui montrant ses deux fils qui revenaient à ce moment de l'école : « Voilà, s'écria-t-elle, voilà mes bijoux et ma parure ! » Elle disait quelquefois aux deux jeunes gens : « J'espère que l'on ne m'appellera pas seulement la fille de Scipion, mais aussi la mère des Gracques. » Ils se firent remarquer par l'amour et l'intérêt qu'ils portèrent au pauvre peuple.

D. *Comment moururent les deux Gracques ?*

R. Tibérius fut assommé sur le forum et Caïus, après avoir gouverné les Romains avec sagesse et énergie, fut chassé et poursuivi par les Romains ; il se fit tuer par un esclave ; Septimuleius porta la tête du Gracque à Rome, où on lui en paya le poids en or.

D. *Comment mourut Jugurtha ?*

R. Ce prince, qui avait assassiné ses deux cousins pour s'emparer du pouvoir en Numidie, fut vaincu par Marius, qui le jeta dans un cachot humide où il mourut de faim après six jours d'horribles souffrances.

D. *Sur qui Marius remporta-t-il de grandes victoires ?*

R. Sur les Teutons et les Cimbres.

D. *A cette nouvelle époque, quelles étaient les mœurs des Romains ?*

R. Quoique les esclaves fussent dix fois plus nombreux que leurs tyrans, ils étaient traités avec la plus grande cruauté et vendus comme des troupeaux de bêtes ; il y avait de riches Romains qui se faisaient porter à la campagne sur les épaules de leurs esclaves.

D. *Nommez le rival de Marius.*

R. Sylla, orgueilleux patricien, qui soumit les esclaves révoltés, vainquit Mithridate le Grand, roi de Pont, et obligea Marius à quitter l'Italie.

D. *Où se retira Marius ?*

R. Après être resté caché dans la vase d'un marais, il fut arrêté par les partisans de Sylla. Un esclave Cimbre fut chargé d'aller l'égorger dans la prison. Mais celui-ci voyant Marius, n'osa le tuer ; il jeta son épée en disant : « Je ne puis tuer Marius ! » L'infortuné consul se retira en Afrique sur les ruines de Carthage d'où il fut encore chassé. Puis il revint à Rome, où il fit mourir les partisans de Sylla, pendant que celui-ci combattait Mithridate, et il fut élevé pour la septième fois au consulat.

D. *Quelle fut la conduite de Sylla après la mort de Marius et quand il fut dictateur ?*

R. Il faisait égorger chaque jour un grand nombre de citoyens romains. Des cités entières furent proscrites et enfin il rendit la paix et la tranquillité à Rome. Après deux ans il abdiqua volontairement la dictature pour rentrer dans la vie privée. Son corps tomba en pourritures avant qu'il expirât.

D. *Quelle fut l'épitaphe de son tombeau ?*

R. Personne n'a fait plus de bien à ses amis, ni plus de mal à ses ennemis.

D. *Qu'était-ce que les gladiateurs ?*

R. C'étaient des esclaves qui s'entretuaient pour divertir le public. Ils se soulevèrent enfin sous les ordres d'un Thrace nommé Sparticus. Mais il fut vaincu par Crassus et Pompée.

D. *Quel général romain fut envoyé en Asie pour combattre encore Mithridate ?*

R. Lucullus, homme célèbre par ses talents militaires et par son luxe incroyable, et jamais peut-être homme ne poussa plus loin la sensualité. Il vainquit et détruisit la flotte de Mithridate. Des citoyens jaloux de sa gloire lui firent enlever le commandement pour le donner à Pompée.

D. *Comment mourut Mithridate ?*

R. Après avoir été vaincu encore par Pompée, il se fit égorger par un esclave.

D. *Qui était Cicéron ?*

R. C'était un grand orateur romain qui osa attaquer Verrès, préteur de Rome, qui s'était enrichi en vendant la justice à prix d'argent. Après avoir fait connaître au peuple toute l'injustice et la tyrannie du proconsul, il réclama contre lui toute la sévérité des lois. Cicéron découvrit la conspiration de Catilina, romain d'uue ambition et d'une audace sans égales, dont le but était d'incendier Rome, d'égorger les consuls et les sénateurs, d'abolir les dettes et de partager les charges et les richesses entre les conjurés.

D. *Comment fut surnommé Cicéron ?*

R. Le peuple lui donna ie glorieux surnom de Père de la Patrie. Il avait été nommé consul et il avait, par sa prudence, sauvé la république romaine.

D. *Où était Pompée pendant le consulat de Cicéron ?*

R. Il remportait de brillantes victoires en Orient où il s'empara de la Syrie et de la Judée. A son retour à Rome, il s'unit à Jules César pour raffermir son autorité et dominer sa patrie.

D. *Qui était Jules César ?*

R. C'était un neveu de Marius. Il avait été proscrit par Sylla. Le dictateur avait consenti à l'épargner, mais en disant à ceux qui lui demandaient sa grâce : « Prenez garde, il y a dans ce jeune homme plusieurs Marius. »

D. *Quel était le caractère de César ?*

R. César réunissait toutes les qualités, tous les talents qui font un grand homme. Son esprit était d'une telle activité, qu'il dictait plusieurs lettres à la fois.

D. *Quel mot dit César dans une pauvre bourgade ?*

R. J'aimerais mieux, dit-il, être le premier ici que le second à Rome.

D. *Avec qui forma-t-il un triumvirat ?*

R. Avec Pompée et Crassus.

D. *Quelle conquête fit César quand il fut nommé consul ?*

R. Il fit la conquête de la Gaule. Cette guerre dura huit ans. Les Belges furent les Gaulois les plus difficiles à soumettre.

D. *Comment mourut Crassus ?*

R. L'infortuné Crassus périt dans une désastreuse campagne contre les Parthes.

D. *Où était Pompée au moment où César faisait la conquête de la Bretagne ?*

R. Pompée fut envoyé en Espagne. A son retour, jaloux de la gloire de César, il lui ordonna de quitter le commandement de son armée. César, au lieu d'obéir, accourut avec ses troupes en Italie, et il força Pompée à s'enfuir en Grèce où il le vainquit encore à la bataille de Pharsale. Pompée fut obligé d'aller demander asile au roi d'Egypte.

D. *Comment mourut Pompée ?*

R. Ptolémée, frère et mari de la célèbre Cléopâtre, eut la perfidie de faire assassiner l'illustre fugitif au moment où il atteignait le rivage de l'Egypte.

D. *Comment César punit-il les meurtriers de Pompée ?*

R. César eut horreur de la trahison du roi d'Egypte, il le renversa de son trône pour le donner tout entier à Cléopâtre son épouse.

D. *Comment César rendit-il compte de sa campagne contre le fils parricide de Mithridate ?*

R. Par ces mots : « Je suis venu, j'ai vu, j'ai vaincu. »

D. *Qui resta seul maître de la République romaine ?*

R. Ce fut César, que la fortune avait couronné

partout ; et bien différent d'un Sylla ou d'un Marius, il n'usa de sa victoire que pour pardonner à ses ennemis, rappeler les proscrits et faire régner partout la sécurité et la paix.

D. *Quels étaient à Rome les ennemis de César ?*

R. Deux anciens partisans de Pompée, nommés Cassius et Brutus. Une conjuration se forma sous leur direction.

D. *Que répondit César à ses amis qui le conjuraient de ne plus sortir qu'environné de gardes ?*

R. J'aime mieux mourir, répondit César, que de vivre continuellement dans la crainte et la défiance.

D. *Comment mourut César ?*

R. Ce héros voulut se rendre au Sénat malgré les conseils de sa femme et de ses amis. En descendant de sa litière, il fut percé de vingt-trois coups de poignard, et le grand capitaine alla expirer aux pieds de la statue de Pompée.

D. *Que fit le peuple en apprenant la mort de César ?*

R. Le peuple jura haine et vengeance contre les meurtriers, et à la vue de la robe ensanglantée de César, qu'Antoine, ami du vainqueur de la Gaule, déplia du haut de la tribune, prit des tisons enflammés et courut mettre le feu aux maisons de Cimber, de Casca et de Brutus.

D. *Qui succéda à César ?*

R. Ce fut Octave, son neveu. Il terminait ses études à Athènes, quand il apprit la mort de son oncle dont il était héritier. Il fut nommé triumvir avec Antoine et Lépide.

D. *Quel était le caractère de Lépide ?*

R. C'était un homme faible et incapable ; il **fut** bientôt repoussé par Antoine.

D. *Quel était le caractère d'Antoine ?*

R. Antoine était vaillant soldat, mais politique peu habile, ne songeant à profiter de ses succès que pour se livrer à tous les plaisirs.

D. *Comment se nommait l'épouse d'Antoine ?*

R. Elle se nommait Octavie. C'était la sœur d'Octave. Tout le monde chérissait cette vertueuse femme. Elle fut répudiée solennellement par Antoine, qui s'était retiré chez Cléopâtre.

D. *Comment mourut Cléopâtre ?*

R. Cette artificieuse reine ne pouvant séduire Octave, se donna la mort en se faisant piquer par un aspic pour ne pas paraître chargée de chaînes à la suite du char de triomphe de son vainqueur.

D. *Quel était le caractère d'Octave ?*

R. Il était adroit et prévoyant. S'il fut cruel avec Lépide et Antoine, après leur mort, seul maître du pouvoir, il se montra tout à coup l'homme le plus clément, le plus généreux et le plus humain.

D. *Quel nom prit Octave ?*

R. Ce grand homme quitta le nom d'Octave sous lequel il avait commis tant de crimes, pour prendre celui d'Auguste César.

D. *Quel était son costume habituel ?*

R. Il portait des vêtements filés par sa femme et sa fille.

D. *Quels malheurs et quels chagrins de famille éprouva Auguste ?*

R. Il perdit successivement ses deux petits-fils, son

neveu Marcellus, son beau-fils Drusus, son gendre Agrippa, et il fut obligé d'éloigner sa fille Julie, à cause des désordres de sa conduite.

D. *Que dit Auguste à ses amis, sur son lit de mort?*

R. « N'ai-je pas bien joué mon rôle, leur dit-il ; maintenant la pièce est finie, applaudissez. » Ainsi, Auguste, à ce moment suprême, ne trouva d'autres paroles que celles par lesquelles les acteurs avaient coutume au théâtre de terminer les comédies.

D. *Quel titre avait reçu Octave pendant son règne ?*

R. Il reçut le titre d'empereur, et il commença une monarchie qui s'étendait sur presque tout l'univers connu.

D. *Combien y avait-il alors d'empires ?*

R. Un seul, l'empire Romain : car toutes les autres monarchies s'y étaient englouties comme dans un vaste et profond abîme.

D. *Quelle prophétie s'est alors accomplie ?*

R. La prophétie de Daniel, au sujet de la statue de Nabuchodonosor, s'est accomplie à la lettre. Mais cette immense monarchie des Romains devait aussi avoir un terme ; elle a fait place au royaume spirituel du fils de Dieu qui s'étend aujourd'hui sur la plus grande partie du globe et qui ne doit jamais finir.

D. *Quel grand événement eut lieu sous le règne d'Auguste ?*

R. Sept cent quarante-huit ans après la fondation de Rome, et pendant le règne d'Auguste, Notre-Seigneur Jésus-Christ naquit dans une étable à Bethléem.

D. *Qui succéda à Auguste ?*

R. Ce fut Tibère, et c'est sous ce règne que les Juifs

fireut mourir Notre-Seigneur Jésus-Christ sur la montagne du Calvaire.

D. *Quels ont été les meilleurs empereurs romains?*

R. Vespacien, Titus, Trajan, Antonin et Marc-Aurèle.

D. *Quels ont été les plus fameux poètes romains ?*

R. Horace et Virgile.

D *A quelle époque commence la division de l'Empire romain en Empire d'Orient et Empire d'Occident ?*

R. Après la mort du grand Théodose, qui assigna l'Orient à Arcadius et l'Occident à Honorius ses fils.

D. *Quel a été le dernier empereur d'Occident ?*

R. Romulus-Augustulus.

D. *Quelle était la capitale de l'Empire d'Orient ?*

R. Constantinople.

D. *Quels ont été les plus célèbres empereurs d'Orient ?*

R. Justinien, Constantin-Copronyme, Alexis, Comnène Ier et Michel Paléologue.

D. *Quel a été le dernier empereur d'Orient ?*

R. Constantin Paléologue, dit Dracosès, sous lequel Constantinople fut prise par les Turcs en 1453.

HISTOIRE DU MOYEN-AGE

D. *Quelle période désigne-t-on sous le nom de moyen-âge ?*

R. On donne le nom de moyen-âge à une longue période de dix siècles qui sépare les temps anciens et les temps modernes.

D. *Par quel événement commence-t-elle ?*

R. Par l'écroulement de l'empire romain et la disparition des ténèbres de l'idolâtrie devant la lumière du christianisme.

D. *Comment le monde était-il alors divisé ?*

R. Il y avait alors deux mondes tout à fait différents par leurs mœurs et par leur aspect. C'était d'un côté le monde romain, et de l'autre côté le monde barbare composé d'une foule de nations sauvages qui s'agitaient derrière les frontières romaines.

D. *Enumérez les grandes races barbares.*

R Les historiens les divisent en trois grandes familles. Les Scythes et Tartares, les Slaves et les Germains.

D. *Quels étaient les barbares de l'Asie ?*

R. De l'Asie venaient les races Scitiques et Tartares comprenant les Mongols, les Avares, les Turcs, les Alains et les Huns ou Hiongnous les plus redoutables de tous, car les historiens n'en parlent qu'avec terreur.

D. *Dites-nous quels étaient les costumes des Huns.*

R. Ils étaient vêtus de peaux grossièrement cousues, ils se nourrissaient de racines et de viandes ramolies sous la selle de leur coursier, ou du lait caillé de leurs juments.

D. *Comment prenaient-ils leurs repas ?*

R. Jamais un toit n'abritait leur tête, c'était à cheval qu'ils passaient leur vie; c'était à cheval qu'ils mangeaient, qu'ils délibéraient, qu'ils faisaient la guerre ; et couchés sur le cou de leurs chevaux ils se laissaient aller au sommeil en rêvant au combat du lendemain.

D. *Quelle était leur religion ?*

R. Ils adoraient le soleil et une épée nue plantée en terre qu'ils arrosaient de sang.

D. *Quelles étaient les principales qualités des Germains ?*

R. Les Germains étaient simples et hospitaliers.

D. *Quels étaient les vices de ces tribus errantes ?*

R. Ils s'abandonnaient à tous les excès de l'ivrognerie et du jeu, et quand ils avaient joué toute leur fortune entière, ils mettaient pour enjeu leur femme, leurs enfants, leur personne même.

D. *Où s'établirent les Bourguignons et les Visigoths ?*

R. Ils s'établirent sur les rives de la Saône et du Rhône.

D. Vous avez parlé des Huns, dites quel fut le plus terrible chef de cette race barbare ?

R. Ce fut Attila, vaincu par Mérovée roi des Francs. Cet orgueilleux barbare aux beaux jours de ses victoires se servait de vaisselle de bois, tandis que les gens de sa suite mangeaient dans des plats d'or enlevés à l'ennemi.

D. Comment Paris fut-il sauvé de l'invasion de ce barbare ?

R. Paris fut sauvé par les prières de Sainte-Geneviève.

D. Par qui fut arrêtée l'invasion d'Attila en Italie ?

R. Par le Pape St-Léon-le-Grand qui, se présentant devant Attila, obtint la promesse que le barbare quitterait l'Italie.

D. L'empire romain ne fut-il pas dès lors en décadence ?

R. Oui et chose étrange l'empire d'Occident périt sous un prince nommé Romulus-Augustulus. Ce nom rappelait à la fois celui du fondateur de Rome et celui du fondateur de l'empire Romain.

D. Quel empire se soutint encore à la chute de l'empire romain ?

R. Ce fut celui de Constantinople ou d'Orient. Sous Justinien Ier qui par son énergie en arrêta la décadence et laissa un trône raffermi à son neveu Justinien.

D. Quel général s'illustra sous Justinien ?

R. Ce fut Bélisaire qui vainquit les Perses en Orient et les Vandales en Afrique. Gélimer leur roi fut fait prisonnier, il suivit son vainqueur sans faire d'autres plaintes que ces mots de l'Ecriture Sainte : Vanité des Vanités, tout n'est que Vanité.

D. *Quel fut le sort de Bélisaire ?*

R. Bélisaire eut le sort de la plupart des grands hommes, qui après avoir rendu d'importants services à la patrie sont victimes de la jalousie des courtisans.

D. *Comment mourut Bélisaire ?*

R. Après avoir été reçu en triomphe à Constantinople, il fut, par l'ordre de l'empereur, envoyé en exil où il mourut dans la misère.

D. *Quelle Eglise de Constantinople fut achevée par Justinien ?*

R. Ce fut l'Eglise Sainte-Sophie qui est encore aujourd'hui l'un des plus beaux monoments du monde entier.

D. *Quelles œuvres de jurisprudence furent dirigées par Tribonien sous Justinien ?*

R. Ce furent quatre grands recueils de lois. Cette œuvre immense est encore enseignée parmi nous comme une partie essentielle de la science du droit.

D. *Quelle industrie nouvelle fut alors introduite dans l'empire ?*

R. Ce fut celle du ver-à-soie, originaire de l'Asie. Dès cette époque on fabriqua de beaux tissus de soie.

D. *Quel royaume fut fondé en Italie ?*

R. Le royaume de Lombardie y fut fondé par Alboïn chef des Lombards, nation barbare de la Germanie.

D. *Par qui fut renversé le royaume de Lombardie ?*

R. Par Charlemagne qui fut couronné, par le Pape Léon III, empereur d'Occident.

D. *Que se passa-t-il pendant ce temps-là en Orient ?*

R. Les rois de Perse faisaient la guerre aux empereurs d'Orient. Chosroès fut repoussé par les habitants de Constantinople, et poursuivi jusqu'au sein de la Perse, où il mourut dans un cachot après avoir vu périr sous ses yeux vingt-huit de ses enfants.

D. *Le bois de la vrai croix fut-il rendu par le successeur de Chosroès ?*

R. Oui, il fut rendu par Siroès à Héraclius qui revint en triomphe à Constantinople où il fut reçu avec mille acclamations. Héraclius s'empressa d'aller à Jérusalem remplacer lui-même le bois précieux qu'il avait enlevé aux infidèles.

D. *L'empire d'Orient n'eut-il pas un terrible ennemi à combattre ?*

R. Oui, ce furent les Arabes disciples de Mahomet.

D. *Où se trouve l'Arabie ?*

R. Au sud de la Syrie et à l'est de l'Egypte ?

D. *Qu'y a-t-il à remarquer au centre de l'Arabie ?*

R. Au centre de l'Arabie s'étend un vaste désert. La nature y semble morte, le ciel y est d'airain, rien n'y tempère l'ardeur du soleil. Le vent nommé Simoun qui parcourt fréquemment le désert suffoque de ses vapeurs sulfureuses les hommes et les animaux ou les ensevelit sous des monceaux de sable.

D. *Quels sont les animaux les plus précieux pour les Arabes ?*

R. Ce sont les chevaux et les chameaux. Les chevaux arabes font jusqu'à 100 kilomètres à travers les déserts sans s'arrêter, sans se reposer un instant en courant toujours avec la rapidité de l'éclair.

D. *A quoi leur servent les chameaux ?*

R. Les Arabes se servent des chameaux pour les

voyages de longue durée et pour le transport des bagages et des marchandises. Cet animal résiste à la faim et à la soif; et il peut passer plusieurs jours sans manger ni boire. Son lait nourrit le voyageur au milieu du désert.

D. *De qui les Arabes étaient-ils descendants ?*

R. Ils descendaient d'Ismaël fils d'Abraham.

D. *Quelle était leur religion ?*

R. Malgré les anciennes traditions Juives, plusieurs adoraient les astres, d'autres étaient catholiques, mais tous avaient une très grande vénération pour un temple nommé Caaba, situé dans la ville de La Mecque bâti par Abraham. Mais quand Mahomet parut tout ce peuple se rangea sous sa bannière mensongère.

D. *Qu'était-ce que Mahomet ?*

R. C'était un descendant d'Ismaël né à La Mecque, ayant perdu, fort jeune encore, son père et sa mère qui ne lui laissèrent pour toute fortune que cinq chameaux et un esclave, il fut recueilli par son oncle Abou-Taleb.

D. *En quoi Mahomet était-il remarquable ?*

R. Mahomet était remarquable par la beauté de ses traits, la vivacité de son intelligence, la droiture de son jugement et la pureté de son langage.

D. *A quel âge se maria Mahomet ?*

R. A l'âge de vingt-cinq ans. Il épousa la veuve Kadijah qui l'avait appelé chez elle pour diriger ses affaires. Ce mariage le rendit l'égal des premiers habitants de La Mecque.

D. *Quel était le caractère de Mahomet ?*

R. Il était ambitieux, rusé et persévérant. Il aimait à s'entretenir avec des étrangers instruits et à l'âge de 40 ans il dit à Kadijah, à Séid son esclave, à Ali son cousin et à Abou-Behr qu'il devait enseigner au monde une religion nouvelle et qu'il était un prophète plus grand qu'Abraham, que Moïse et que Jésus-Christ même. Ils crurent à sa parole et cet imposteur en entraîna beaucoup d'autres.

D. *Ne chercha-t-on pas à le détourner de son projet ?*

R. Oui, et plusieurs jurèrent de lui donner la mort, mais il sut toujours échapper au danger.

D. *Comment Mahomet traita-t-il les Juifs qui ne voulurent pas embrasser sa doctrine ?*

R. Il en prit sept cents qu'il ensevelit tous vivants dans une fosse.

D. *Dites-nous si cet imposteur avait acquis un grand empire sur ceux qui l'entouraient.*

R. Oui, car quand il se lavait on recueillait, sans en perdre une goutte, l'eau dont il s'était servi; s'il lui tombait un cheveu, il était recueilli comme une relique. S'il crachait, on s'empressait de recevoir sa salive.

D. *Qu'arriva-t-il à Mahomet dans la ville de Khaïbar.*

R. Une Juive pour venger la mort de son frère, qu'Ali avait fendu en deux, servit un agneau empoisonné au prophète qui s'aperçut promptement du piège; mais le poison qu'il avait avalé le fit souffrir toute sa vie.

D. *Que répondit la femme Juive à qui on reprochait son horrible forfait ?*

R. Que me reproches-tu, dit-elle à Mahomet. Si tu es vraiment un prophète, le poison ne saurait te faire de mal, si tu ne l'es pas j'ai eu raison de chercher à délivrer le monde d'un imposteur.

D. *Quelle était la vie privée de Mahomet ?*

R. Il ne se nourrissait que de pain d'orge, de dattes et d'eau pure. Il balayait sa maison, raccommodait ses vêtements, trayait ses chèvres, s'asseyait sur un tronc de palmier.

D. *Dites quelques-unes de ses impostures.*

R. Il disait recevoir fréquemment la visite de l'ange Gabriel. Que cet ange lui avait envoyé un cheval ailé qui l'avait enlevé jusqu'au ciel et conduit au pied de l'Eternel. Que l'étendard qu'il portait à la guerre lui avait été envoyé par le Très-Haut, etc.

D. *Où mourut Mahomet ?*

R. Il mourut à la mosquée de La Mecque, et il fut enseveli à Médine.

D. *Qu'est-ce que le Coran ?*

R. Le Coran est un recueil de maximes de la doctrine de Mahomet, où il se trouve un grand nombre de pratiques empruntées à la religion juive et à la religion catholique.

D. *Comment les disciples de Mahomet gagnaient-ils des disciples à l'Islamisme ?*

R. En disant à tout homme : « Crois ou meurs ! » et ils massacraient sans pitié ceux qui ne voulaient pas se ranger sous leur bannière, tandis que les disciples de Jésus-Christ n'avaient pour toute arme que leur parole et leurs vertus.

D. *Qu'arriva-t-il après la mort de Mahomet?*

R. Après la mort de ce faux prophète, ses disciples commencèrent une guerre qui, pendant des siècles, ensanglanta le monde.

D. *Pendant combien de temps les habitants d'Alexandrie se défendirent-ils dans leur ville assiégée par les Arabes ?*

R. Ils se défendirent pendant quatorze mois, pendant lesquels elle fut prise d'assaut et livrée au pillage. Sa célèbre bibliothèque fut détruite ; ses manuscrits servirent pendant six mois à chauffer les bains d'Alexandrie.

D. *Quel empire fut renversé par les Musulmans ?*

R. Ce fut l'empire perse, qui avait fait trembler tout l'Orient pendant des siècles.

D. *Où fut inventé le feu grégeois ?*

R. Ce fut à Constantinople, pour se défendre des Musulmans. Aucune puissance humaine ne pouvait éteindre ce feu.

D. *La religion musulmane fit-elle de grands progrès ?*

R. Oui, car en Asie, en Afrique et en Espagne, la religion chrétienne fut remplacée par l'islamisme, et la civilisation par la barbarie.

D. *Par qui la France et même l'Europe fut-elle sauvée de l'invasion des Musulmans ou Sarrasins ?*

R. Par le vaillant Charles Martel, à la bataille de Poitiers.

D. *Que remarquait-on au palais des khalifes à Bagdad ?*

R. Des ambassadeurs grecs y avaient remarqué un grand nombre de tapis de soie brodés en or, et un arbre d'or et d'argent qui portait dix-huit grosses branches sur lesquelles on apercevait des oiseaux de toute espèce faits, ainsi que l'arbre, des métaux les plus précieux. Cet arbre se balançait comme les arbres de nos bois, et alors on entendait le ramage des différents oiseaux.

D. *Dites si les Arabes devinrent remarquables par leur science.*

R. Ces mêmes Arabes qui avaient détruit naguère la plus riche bibliothèque du monde, se livrèrent à la philosophie et aux sciences. Ils y firent de tels progrès, que bientôt ils dépassèrent les Européens dont ils devaient plus d'une fois être les maîtres, car c'est à eux que nous devons la connaissance des chiffres et de l'algèbre, etc. Le service des postes y était établi sept cents ans avant qu'il fut établi dans notre France.

D. *N'y eut-il pas un autre peuple barbare qui vint saccager l'Europe ?*

R. Ce furent les Normands qui, sous les descendants de Charlemagne, se rendirent maîtres d'une partie de la France en 876. Rollon s'était emparé de la grande ville de Rouen. Le roi de France, Charles III dit le Simple, lui abandonna quelques provinces pour sauver les autres. Cette riche contrée prit le nom de Normandie. Il donna aussi la main de sa fille Gisèle à Rollon, qui embrassa le christianisme.

D. *Comment mourut Lodbrock ?*

R. Lodbrock, homme du nord, fut fait prisonnier en Angleterre. On le condamna à un affreux supplice. Il fut jeté dans un cachot rempli de vipères, où il mourut en chantant au milieu des plus atroces douleurs.

D. *Cet exemple effraya-t-il les pirates du Nord ?*

R. Non, car les Danois finirent, après plusieurs années de ravages, par s'emparer de l'Angleterre.

D. *Ne fut-elle pas reconquise par un Anglais ?*

R. Oui. Par un descendant du grand Alfred, Edouard le Confesseur, remonta sur le trône de ses ancêtres en 1042.

D. *L'Angleterre jouit-elle longtemps de la paix ?*

R. Non, car un descendant de Rollon, Guillaume le Conquérant, prétendait être l'héritier d'Edouard le Confesseur, et les armes à la main, il s'empara en peu de temps de tout le royaume.

D. *Quelle fut la conduite des Normands envers le pape Léon IX ?*

R. Les Normands ayant vaincu le pape Léon IX, celui-ci chercha un asile dans la ville de Civitella, dont les habitants refusèrent de le recevoir, craignant la vengeance des Normands. L'auguste vieillard, sans escorte et sans armes, retourna au-devant de ceux qui le poursuivaient. Les Normands, pénétrés de respect pour le chef de la chrétienté qu'ils venaient de combattre, se précipitèrent à ses pieds, implorant sa bénédiction et son pardon.

D. *Quels droits s'arrogèrent les empereurs d'Occident ?*

R. Le pape Jean XII ayant couronné empereur d'Occident Othon Ier, prince allemand qui s'étant rendu maître de la Lombardie finit par opprimer le Pape, et dès lors les empereurs prétendirent nommer les papes et les déposer à leur gré. Ils donnèrent à leurs favoris ou cédèrent à prix d'argent les fonctions sacrées, c'est-à-dire la papauté et les évêchés, et l'on vit alors d'indignes prélats.

D. *Comment nommez-vous ce scandaleux commerce ?*

R. On l'appelle Simonie.

D. *Qui mit un terme à cette Simonie ?*

R. Ce fut le pape Grégoire VII, fils d'un pauvre charpentier, qui défendit sévèrement le trafic des choses saintes, et les empereurs furent obligés de se soumettre. Le combat de Worms, en 1122, mit fin à la querelle des investitures.

D. *Combien dura la domination des Normands en Italie ?*

R. Elle dura un siècle.

D. *Comment mourut son dernier prince Tancrède ?*

R. Il fut attaché par dérision sur un trône de fer rougi, et avec une couronne de cuivre brûlant sur la tête.

D. *N'y a-t-il pas eu un autre peuple au moyen-âge qui ait ravagé l'Asie ?*

R. Oui, ce sont les Mongols de même origine que les Huns ; ils vivaient de pillage comme les Arabes du désert. Ils firent la conquête de la Chine, puis ils revinrent en Occident avec Gengiskan qui, depuis l'âge de treize ans, était chef d'une tribu de Mongols.

D. *Quelle fut la conduite de Gengiskan à Boukara ?*

R. Étant entré dans la ville après avoir écrasé quatre cent mille Perses, il fit amener les chevaux dans la mosquée, où on leur donna pour litière les livres sacrés du Coran. Il inspirait une si grande terreur que, partout où il passait, on se laissait égorger sans chercher à se défendre. Il se nommait fléau de Dieu. Heureusement qu'il mourut jeune, laissant un fils qui ne sut pas conserver ses conquêtes.

D. *Quel autre événement mémorable eut lieu au moyen-âge ?*

R. Ce furent les croisades, qui arrêtèrent à jamais

les progrès de l'islamisme. Elles sauvèrent la société chrétienne. A la voix de Pierre l'Ermite, toute l'Europe occidentale se souleva pour délivrer le tombeau de Jésus-Christ des mains des Musulmans.

D. *Combien d'hommes prirent les armes dans cette expédition ?*

R. On vit plus de treize cent mille combattants voler au secours des chrétiens de l'Asie. Plusieurs oublièrent leur devoir et se rendirent bien coupables, soit par le pillage, soit par d'autres actions.

D. *N'y eut-il pas aussi des enfants qui se croisèrent?*

R. On vit en 1212 un spectacle unique dans l'histoire. Cinquante mille enfants se croisèrent en France et en Allemagne.

D. *Arrivèrent-ils à Jérusalem ?*

R. Non. Après avoir franchi les Alpes ils entrèrent en Italie, mais bientôt ils succombèrent à la fatigue, un grand nombre moururent sur les chemins et plus de trente mille tombèrent entre les mains de marchands d'esclaves qui les vendirent en Afrique.

D. *Que se passait-il en Espagne pendant les croisades ?*

R. Elle luttait contre les Musulmans et après plusieurs siècles de guerre continuelle elle fut enfin délivrée du joug de ces infidèles.

D. *Que se passa-t-il en Suisse au moyen-âge ?*

R. Albert, duc d'Autriche, voulut faire sentir son autorité à la Suisse dont la population était pauvre et simple, occupée du soin des troupeaux. Mais les Helvétiens, fiers et courageux comme tous les habitants des montagnes, ne supportèrent pas longtemps cette oppression. Délivrés par Guillaume Tell de Gesler, ils se soulevèrent de toutes parts, vainquirent les Autrichiens au défilé de Morgarten, et la nombreuse armée de Léopold fut écrasée sous une grêle de pierres précipitées du haut de la montagne.

D. *Que se passait-il alors en Italie ?*

R. Comme la capitale du monde chrétien était toujours agitée par des factions, les papes quittèrent Rome pour s'établir en France dans le comtat d'Avignon.

D. *Les papes ne furent-ils pas rappelés à Rome ?*

R. Oui, ils quittèrent la France, ce qui donna lieu à un schisme parce qu'un anti-pape fut élu à Avignon.

D. *Que se passa-t-il en France vers la fin du moyen-âge ?*

R. Les Anglais envahirent rapidement les plus belles provinces de la France. Orléans dernier rempart de la monarchie française était vivement pressé par l'ennemi, tout semblait perdu quand Jeanne-d'Arc força les Anglais à lever le siège et remporta sur eux de brillantes victoires.

D. *Quelle catastrophe termina la période désignée sous le nom de Moyen-âge.*

R. Ce fut la chute de l'empire d'Orient. Le dernier des Césars fut vaincu par Mahomet II, qui s'empara de Constantinople. Ce prince musulman en fit la capitale de son empire.

HISTOIRE MODERNE

D. *A quelle époque commence l'histoire moderne?*

R. L'histoire moderne commence à la prise de Constantinople par les Turcs ou Musulmans.

D. *Quelles inventions changèrent l'aspect de la société ?*

R. Celles de la poudre à canon, de la boussole et de l'imprimerie.

D. *D'où fut apportée la poudre à canon ?*

R. Cette redoutable composition paraît avoir été apportée en Europe par les Arabes, qui l'avaient peut-être reçue de la Chine où elle était connue depuis longtemps; cette invention a été faussement attribuée à un moine Anglais nommé Roger Bacon.

D. *Qui a songé à en appliquer les terribles effets pour lancer des pierres et des bombes ?*

R. Ce fut un moine allemand nommé Bernard Schevartz qui enflamma par hasard un mélange de Salpêtre de soufre et de charbon.

D. *Par qui fut inventée l'imprimerie ?*

R. Par Jean Guttemberg, de Mayence. La Bible fut le premier livre imprimé qui parut dans le monde.

D. *Par quelles découvertes furent signalées les premières années des temps modernes ?*

R. Par la découverte de l'Amérique et du cap de Bonne-Espérance.

D. *Après la prise de Constantinople, les Turcs cessèrent-ils leurs incursions en Europe ?*

R. Les Turcs, maîtres de Constantinople, s'emparèrent en peu de temps de toute la Grèce.

D. *Les chevaliers de Rhodes ne furent-ils pas attaqués aussi par les Turcs ?*

R. Oui, une flotte de trois cents voiles et deux cent mille soldats allèrent, sous les ordres de Soliman, mettre le siége devant Rhodes, tandis que la garnison ne comptait que six mille hommes.

D. *Combien dura le siége de cette ville ?*

R. Il dura six mois et cent vingt mille Turcs y avaient péri. La ville n'était plus qu'un monceau de ruines quand l'héroïque Villiers de l'île Adam se décida à capituler. Charles-Quint lui donna pour retraite la petite île de Malte au milieu de la Méditerranée.

D. *Devant quelle autre ville les Turcs avaient-ils posé le siége ?*

R. Devant la ville de Candie qui appartenait aux Vénitiens; ce siége, l'un des plus mémorables dont l'histoire fasse mention, dura plus de vingt ans.

D. *Quel est le navigateur qui le premier a dépassé l'extrémité méridionale de l'Afrique ?*

R. Ce fut l'intrépide Barthélemy Diaz.

D. *Nommez le gentilhomme qui aborda le premier aux Indes.*

R. Ce fut Vasco de Gama.

D. *Combien de temps avait duré le voyage de Vasco de Gama, du Portugal aux Indes ?*

R. Il dura deux ans. Sitôt après son retour, il annonça au roi du Portugal ses découvertes. Dès lors on chargea sur les vaisseaux les riches productions de la Perse et de l'Inde que les caravanes apportaient seules auparavant à travers les déserts.

D. *Ne chercha-t-on pas à repousser les Portugais ?*

R. Oui. Les Vénitiens, le Soudan d'Egypte soulevèrent les Indiens de toutes parts, mais l'habile et courageux François d'Alméida triompha de ses adversaires, et après avoir soumis une partie des Indes prit le titre de vice-roi.

D. *Que répondit Albuquerque aux ambassadeurs du roi de Perse ?*

R. Le roi de Perse fit réclamer un tribut que payaient autrefois les princes d'Ormous. Albuquerque montre aux ambassadeurs des boulets et des grenades. Voilà, dit-il, la monnaie des tributs que paye le roi du Portugal.

D. *Comment mourut Albuquerque ?*

R. Il mourut disgracié du roi du Portugal, à qui dans une courte lettre il disait ces mots : Je ne vous dis rien des Indes, elles vous parleront assez pour elles et pour moi.

D. *Qui était Christophe-Colomb ?*

R. Colomb était un Gênois qui avait conçu le dessein de traverser les mers, sûr d'y rencontrer des terres nouvelles. Le sénat de Gênes et la cour du Portugal

ayant rejeté avec mépris les offres de Colomb, il alla
se présenter au roi d'Espagne qui accepta la proposi-
tion de Colomb; celui-ci partit au mois d'août 1492
avec trois vaisseaux; et sept mois et demi après son
départ, il revint en Espagne où il fut reçu avec des
transports de joie parce qu'il avait découvert l'Amérique.

D. *Comment mourut Christophe-Colomb ?*

R. Après vingt ans de services il fut disgracié de la
reine Isabelle; chargé de fers il rentra en Espagne où
il mourut de chagrin ayant donné un monde à l'Espagne, tandis que lui n'avait pas de quoi abriter sa tête;
il était âgé de 59 ans quand il mourut.

D. *Pendant que le Portugal faisait la conquête de
l'Inde, et que l'Espagne se rendait maîtresse du
nouveau monde, que se passait-il au nord de l'Europe ?*

R. Il s'y forma trois principaux Etats sous les noms
de Suède, de Norvége et de Danemark.

D. *Qu'est-ce qui adoucit les mœurs de ces peuples ?*

R. Ce fut le Christianisme.

D. *Quelle fut la reine qui réunit sur sa tête les
trois couronnes du Nord ?*

R. Ce fut Marguerite, fille héritière de Valdemar,
roi de Danemark, et elle devint reine de Norvége
par son mariage avec le roi Haquin.

D. *Quel nom mérita Marguerite ?*

R. Elle mérita par ses grandes qualités le nom de
Sémiramis du Nord.

D. *Qui sauva la Suède du féroce Christian II ?*

R. Ce fut Gustave Vasa, descendant des anciens rois
de Suède, qui après s'être caché dans les montagnes

de la Dalécarlie où il travaillait comme un simple ouvrier aux mines de cuivre, et qui plus tard, par le conseil d'un curé, dut se réfugier au fond d'une église d'où il sortit tout à coup pour se mettre à la tête de quelques Suédois qui, à force de courage, chassa les Danois de toutes parts. En reconnaissance on lui décerna le titre de roi.

D. *Dites quelque chose de la Russie.*

R. L'origine du plus grand et du plus puissant des Etats slaves, la Russie, remonte au Vme siècle, où les villes de Kieff et Novogorod furent fondées par la tribu des Rosses ou Russes; et un guerrier vaillant et habile nommé Rurik se fit nommer grand prince.

D. *Comment vivaient les Russes ?*

R. Ils vivaient dans une profonde barbarie. Aux pieds du dieu Péroun, créateur de la foudre, un bûcher dévorait sans cesse des victimes humaines: les mères venaient y jeter leurs enfants.

D. *Quelle reine eut horreur de cette religion san-glante et embrassa le christianisme ?*

R. Ce fut la reine Olga, la plus sage des femmes, disent les annales russes.

D. *Que fit le grand prince Vladimir ?*

R. Le prince Vladimir reçut les envoyés de trois peuples qui voulaient convertir les Russes. Les Bul-gares offraient la foi de Mahomet, les Juifs leur culte sans autel et sans Patrie, les Grecs le christianisme. Dix hommes de bien furent choisis pour examiner les trois religions, et ils revinrent dire à Vladimir: après avoir connu la religion grecque, nous ne pouvons plus adorer nos dieux.

D. *Où les Russes reçurent-ils le baptême ?*

R. Tous furent convoqués sur le bord du Dniéper; ils entrèrent dans l'eau jusqu'à la ceinture, tandis que les prêtres récitaient des prières.

D. *Que dites-vous du Tzar Ivan IV ?*

R. Après s'être rendu coupable des plus horribles cruautés, il mourut sous des vêtements de moine.

D. *Quels services rendit Sobieski ?*

R. Sobieski, roi de Pologne, repoussa les Musulmans avec son invincible épée et il sauva ainsi la chrétienté.

D. *Qu'était-ce que la guerre des deux roses ?*

R. C'était une guerre entre Richard d'Iork et Henri VI, roi d'Angleterre. Les partisans de Richard avaient une rose blanche, tandis que les armées royales portaient une rose rouge.

D. *Quelle femme joua un grand rôle dans cette guerre ?*

R. Ce fut Marguerite de Lancastre, épouse d'Henri VI. Mais elle fut vaincue par Edouard et elle mourut en exil.

D. *Combien de princes périrent dans cette guerre ?*

R. Quatre-vingts princes du sang royal périrent dans le cours de huit ans.

D. *Quelle femme célèbre contribua par son courage à chasser les Maures de Grenade ?*

R. Ce fut Isabelle, fille du roi de Castille et épouse de Ferdinand.

D. *Combien de temps avait duré la domination arabe en Espagne ?*

R. Elle avait duré sept cent quatre-vingts ans.

D. *Qu'était-ce que l'Inquisition rétablie par Ferdinand ?*

R. C'était un tribunal qui avait pour mission de rechercher et de punir tous ceux qui professaient des doctrines contraires à la religion catholique.

D. *Qu'était-ce que Jeanne la folle ?*

R. C'était la fille d'Isabelle et de Ferdinand. Cette princesse devint folle à la mort de son mari qu'elle aimait éperdûment ; la douleur brisa sa raison.

D. *A qui Isabelle confia-t-elle son gouvernement ?*

R. A Ximénès, l'un des plus grands hommes d'Etat dont l'Espagne puisse s'honorer; il se montra à la fois grand politique et saint évêque.

D. *Parlez de Charles-Quint ?*

R. Charles-Quint était fils de Jeanne la folle et de Philippe le Beau, héritier de Maximilien et de Ferdinand le catholique. Ce prince fut le possesseur de l'Espagne, du royaume de Naples, de la Sicile, des Pays-Bas, de l'Allemagne en Europe et en Amérique des nouvelles découvertes des Espagnols.

D. *A quel roi de France fit-il la guerre ?*

R. A François Ier et toujours avec succès. Il vainquit aussi Barberousse, ce fameux pirate, l'effroi de la Méditerranée.

D. *A quelle bataille François Ier perdit-il tout fors l'honneur ?*

R. Ce fut à la bataille de Pavie.

D. *Où mourut Charles-Quint ?*

R. Au monastère de Saint-Just en Espagne où il s'occupa quelque temps à des ouvrages d'horlogerie. Il fut vivement affligé de voir l'Allemagne divisée entre deux partis, les Catholiques et les Protestants.

D. *Par qui fut fondée la religion Protestante ou réformée ?*

R. Par Luther et Calvin.

D. *A quel ordre religieux appartenait Luther ?*

R. Luther était un moine Augustin. Il était savant et éloquent, mais orgueilleux et violent. Il attaqua la doctrine de l'Eglise relativement au Indulgences et il finit par rejeter l'autorité du pape.

D. *Quels furent les maux causés par ces hérétiques ?*

R. Cette fausse doctrine fut cause de cruelles guerres qui déchirèrent l'Allemagne, la Suisse, l'Angleterre, la Suède, le Danemark et la France surtout, pendant trois siècles.

D. *D'où vient le nom de Protestant ?*

R. Les réformés avaient formé une ligue pour se défendre, et ils protestèrent solennellement contre les ordres de l'empereur qui leur enjoignait de se séparer. De là leur vint le nom de Protestants.

D. *Parlez de Calvin rival de Luther.*

R. Calvin était un ecclésiastique français, qui prêcha une doctrine aussi fausse que celle de Luther.

D. *Qui fut nommé chef suprême de l'Eglise d'Angleterre ?*

R. Ce fut Henri VIII qui avait répudié Catherine, sœur de Charles-Quint, pour épouser Anne de Boleyn qu'il fit périr plus tard de la main du bourreau pour épouser sa suivante, Jeanne de Seymour ; celle-ci étant morte, il épousa encore la princesse Anne de Clèves, qu'il répudia pour épouser Catherine Hovard et puis encore Catherine Parr qui fut sa sixième femme.

D. *Quelle fut la conduite d'Henri VIII envers les catholiques ?*

R. Cédant aux avis de son ami Cromwell, il abolit tous les ordres religieux, dépouilla les églises et il punissait de mort tous ceux qui se montraient attachés au saint-siége. Ce schisme prépara l'Angleterre à l'hérésie.

D. *Qui introduisit le calvinisme en Angleterre ?*

R. Ce fut Edouard VI, fils de Jeanne de Seymour, élevé dans le calvinisme sous la régence de Sommerset.

D. *L'Angleterre ne changea-t-elle pas encore une fois de religion ?*

R. Oui. Sous Marie Tudor, fille d'Henri VIII et de Catherine d'Aragon. Aidée par Philippe II, roi d'Espagne, qu'elle épousa, elle abolit le culte protestant dans tout le royaume par toutes sortes de cruautés. Elle reçut le surnom de sanglante.

D. *Qui succéda à Marie Tudor ?*

R. Ce fut sa sœur Elisabeth, fille d'Anne de Boleyn. Cette reine abolit encore le catholicisme et elle fut déclarée chef suprême de la religion.

D. *Quelle religion s'introduisit en Ecosse ?*

R. Ce fut le Presbytérianisme où toute dignité ecclésiastique est abolie pour ne reconnaître d'autres pasteurs que de simples prêtres.

D. *Donnez quelques détails sur Marie Stuart.*

R. Marie Stuart était fille de Jacques V, roi d'Ecosse, et cousine d'Elisabeth, reine d'Angleterre. Marie fut élevée en France où elle épousa François II. Devenue veuve, elle rentra en Ecosse où elle épousa Henri Darnley ; ce mariage fut une occasion de malheurs.

Devenue encore veuve, elle épousa Bothwell ; peu après Marie fut forcée d'abdiquer et elle se retira en Angleterre où Elisabeth la fit périr après une longue captivité.

D. *Quelle fut la conduite et le caractère d'Elisabeth ?*

R. Cette reine avait su par son adresse et sa fermeté s'assurer un pouvoir absolu. Elle se rendit redoutable à tous ses ennemis par la puissante marine qu'elle avait créée. On lui reproche sa cruauté envers Marie Stuart, ses rigueurs contre les catholiques et sa coupable faiblesse pour ses favoris.

D. *Par qui fut proclamée la république d'Angleterre ?*

R. Par Cromwell, homme habile et ambitieux ; il gouverna l'Angleterre avec gloire, et il mourut accablé de remords à l'âge de 59 ans.

D. *A qui Philippe II roi d'Espagne avait-il confié les Pays-Bas ?*

R. A Marguerite de Parme, sage et habile, mais elle ne put empêcher la propagation de la réforme.

D. *Que répondirent les habitants de Leyde aux Espagnols qui les sommaient d'ouvrir leurs portes ?*

R. Ne comptez pas que nous nous rendrons, répondirent-ils, tant que vous entendrez un chien aboyer. Quand nous les aurons tous dévorés, il nous restera encore notre bras gauche à manger, tandis que nous nous servirons du bras droit pour combattre.

D. *Par qui fut fondé le royaume de Prusse ?*

R. La Prusse dans son origine n'était qu'un simple duché. Frédéric-Guillaume y reçut tous les protestants chassés par Louis XIV, et son fils Frédéric Ier prit le titre de roi de Prusse. Son successeur Guillaume Ier bannit tout luxe de sa cour, il dressait lui-même ses soldats, et il mourut en laissant à son fils une armée parfaitement organisée et un trésor abondamment rempli par les épargnes de vingt ans. Il put faire la guerre aux peuples voisins sur qui il remporta de grandes victoires. Il plaça son royaume au rang des premières puissances de l'Europe.

D. *Parlez de Christine de Suède.*

R. Cette princesse, fille de Gustave-Adolphe, avait toute la fermeté, toute l'énergie, tous les talents du prince le plus accompli ; elle répandit parmi ses sujets l'instruction et la civilisation ; les plus grands princes sollicitaient son alliance.

D. *Ne se lassa-t-elle pas du tracas du trône ?*

R. Oui, elle abdiqua en faveur de son cousin et elle vint se mêler aux fêtes de la cour brillante de Louis XIV. Plus tard elle regretta la couronne, mais elle ne put la reconquérir ; alors elle se retira à Rome où elle mourut.

D. *Quel était le caractère de Pierre-le-Grand ?*

R. Pierre-le-Grand, fils d'Alexis et frère de Sophie, que Pierre fit enfermer dans un cloître pour être seul maître du gouvernement russe, était un prince adonné au vice et à la débauche, porté à tous les excès, mais doué d'une puissance incroyable de volonté ; il conçut le projet de réformer l'empire, et il renversa tous les obstacles.

D. *Qui aida Pierre-le-Grand dans ses projets ?*

R. Ce fut le Genevois nommé Lefort.

D. *Quel projet forma Pierre ?*

R. Il conçut et réalisa le plan le plus extraordinaire

qu'ait jamais formé un souverain. Il quitta son trône et partit à la suite d'une ambassade, que dirigeait Lefort, pour apprendre lui-même tous les métiers dont il voulait doter sa nation.

D. *Nommez quelques contrées où alla ce prince.*

R. Il alla en Hollande où il se fit inscrire au rôle des charpentiers : là il apprit à construire des vaisseaux. En Angleterre il observa les manufactures. En Allemagne, il étudia la discipline militaire et reprit enfin le chemin de la Russie accompagné d'un grand nombre d'ouvriers, de matelots, d'officiers, de savants qu'il avait attachés à son service dans tous les pays qu'il avait traversé.

D. *Quel était le costume des Russes ?*

R. Les Russes portaient de longues barbes et des robes trainantes. Pierre les fit remplacer par des vêtements courts et légers en usage dans l'Europe, et il fit aussi couper les barbes. Il posa les fondements de St-Pétersbourg.

D. *A qui Pierre-le-Grand fit-il la guerre ?*

R. Il fit la guerre avec succès aux peuples voisins, et, après avoir affermi ses institutions à l'intérieur et ses conquêtes au dehors, il voulut faire un nouveau voyage en Europe.

D. *Que dit Pierre-le-Grand en voyant la statue de Richelieu à Paris ?*

R. Lorsqu'on lui montra dans l'Eglise de la Sorbonne le mausolée du cardinal de Richelieu, ce fameux ministre de Louis XIII : Grand homme, s'écria-t-il en embrassant sa statue avec transport, je te donnerai volontiers la moitié de mon empire pour apprendre de toi à gouverner l'autre.

D. *Parlez de Catherine II, impératrice de Russie.*

R. Cette princesse fit empoisonner son époux Pierre III pour gouverner seule. Elle s'empara d'une partie de la Pologne, que le lâche Poniatowski céda. L'Autriche et la Prusse se partagèrent presque tout le reste de cette malheureuse nation. Cette reine mourut frappée d'une attaque d'apoplexie.

MYTHOLOGIE

D. *Qu'est-ce que la mythologie ?*

R. C'est l'histoire des fausses divinités que les païens adoraient.

D. *L'étude de la mythologie est-elle nécessaire ?*

R. Oui, la mythologie est nécessaire à l'étude des beaux-arts, comme elle est indispensable à l'intelligence de la littérature antique.

D. *A quelle époque remonte l'origine de l'idolâtrie?*

R. A l'époque de la dispersion des hommes, causée par la confusion des langues à la tour de Babel, qu'ils abandonnèrent inachevée.

D. *Quels ont été les premiers objets de l'adoration des hommes ?*

R. Ce fut le soleil, dont la chaleur bienfaisante faisait croître et murir les moissons; puis les astres, qui dissipent les ténèbres de la nuit ; la terre, dont le sein fécond nourrit tous les êtres vivants.

D. *Comment le nombre des divinités s'est-il accru indéfiniment ?*

R. Parce que les personnages qui s'étaient rendus célèbres par leurs hauts faits reçurent à leur tour les hommages de leurs semblables ; et tout ce qui pouvait exciter la crainte, le désir, l'admiration des hommes, fut peu à peu métamorphosé en divinités, au lieu de reconnaître un seul Dieu dont la puissance infinie produit tous les êtres et tous les phénomènes qui nous entourent.

D. *Comment étaient divisées les divinités des païens ?*

R. En trois classes : Les dieux du premier ordre, les dieux du second ordre et les demi-dieux ou héros.

D. *Quelles sont les divinités du premier ordre ?*

R. Les principales sont : Saturne, Cybèle, Jupiter, Junon, Neptune, Pluton, Apollon, Diane, Mercure, Bacchus, Cérès et Vénus. Ces dieux habitaient le Ciel ou l'Olympe.

D. *Quels étaient les dieux du second ordre ou divinités inférieures ?*

R. C'étaient Minerve, Mars, Vulcain, Iris, Hébée, Momus, Pan, Flore et Pomone. Ces divinités étaient répandues dans l'univers entier.

D. *Quelles étaient les principales divinités du troisième ordre (demi-dieux ou héros) ?*

R. C'étaient Hercule, Castor et Pollux, Orphée, Thésée et Persée.

D. *Quelles étaient les divinités les plus anciennes ?*

R. C'était le Chaos ou la Nuit. Le Chaos donna naissance à la Terre et au Ciel.

D. *Qu'était-ce que les cyclopes ?*

R. C'étaient des géants effroyables, n'ayant qu'un

œil au milieu du front. Quelques-uns étaient armés de cent bras et portaient cinquante têtes.

D. *Qu'était-ce que les Titans ?*

R. Les Titans étaient une génération moins hideuse que les Cyclopes. L'un des Titans, nommé Saturne, d'un coup de faux, blessa son père Uranus ou le Ciel. Le sang qui jaillit de la blessure tomba sur la Terre et enfanta les Furies, dignes fruits d'un fils parricide.

D. *Quel était le sort des enfants de Saturne ?*

R. Saturne ou le Temps dévorait tous ses enfants; néanmoins Cybèle put soustraire à sa voracité Jupiter, Neptune, Pluton, etc.

D. *Par qui Saturne fut-il détrôné ?*

R. Par Jupiter, son fils, qui le força à se réfugier en Italie chez Janus, à qui Saturne donna la double faculté de se rappeler de tous les événements passés et de prévoir l'avenir: plus tard, Janus fut adoré comme le Dieu de la prudence et de la paix.

D. *Quelle fut l'enfance de Jupiter ?*

R. Jupiter, après sa naissance, fut confié à des nymphes et nourri du lait de la chèvre Amalthée. A l'âge d'un an, il avait la force et la taille d'un jeune homme de vingt ans.

D. *Qu'était-ce que la corne d'abondance ?*

R. C'était une corne de la chèvre Amalthée; cette corne fut donnée à la nymphe qui avait pris soin de l'enfance de Jupiter; elle avait le don de produire toute espèce de biens.

D. *Quelle fut l'épouse de Jupiter ?*

R. Jupiter avait pour femme Junon sa sœur, reine des dieux, déesse jalouse et impérieuse.

D. *Qu'était-ce que Pandore ?*

R. C'était une femme que les dieux de l'Olympe avaient créée ; chacun d'eux la para des avantages dont il pouvait disposer, et ils la nommèrent Pandore.

D. *Quel don lui fit Jupiter ?*

R. Jupiter, feignant de vouloir contribuer à sa perfection, lui fit présent d'une boîte qu'il lui ordonna de porter à Epiméthée, premier homme créé. Celui-ci ne l'eut pas plus tôt ouverte que tous les maux, tous les vices et toutes les misères de la nature humaine qui y étaient renfermés en sortirent aussitôt et se répandirent sur toute la terre. L'espérance seule resta au fond de la boîte.

D. *Qu'était-ce que Neptune ?*

R. C'était le dieu de la mer.

D. *Qu'était-ce que Pluton ?*

R. C'était le dieu des enfers.

D. *Qu'était-ce qu'Apollon ?*

R. C'était le dieu de la musique, de la poésie et des arts. Quand il fut grand, il tua le serpent Pithon. Quand on l'appelle Phébus, c'était le dieu du jour ou le soleil.

D. *Qu'était-ce que Diane ?*

R. C'était la déesse de la chasse. Elle conduit le char de la lune.

D. *Quel était le plus célèbre temple de Diane ?*

R. Le temple de Diane le plus célèbre était celui d'Ephèse, l'une des sept merveilles du monde. Il était tout entier en marbre blanc ; il avait cent cinquante mètres de longueur et il était soutenu par cent vingt-sept colonnes de vingt mètres de hauteur chacune.

D. *Qu'était-ce que Mercure ?*

R. C'était le Dieu de l'éloquence, des voleurs et du commerce ; il était aussi le messager des dieux.

D. *Qu'était-ce que Bacchus ?*

R. C'était le dieu du vin.

D. *Qu'était-ce que Cérès ?*

R. C'était la fille de Saturne et de Cybèle. Elle eut une fille nommée Proserpine, qui fut enlevée par Pluton, dieu des enfers; Pluton l'épousa. Cérès fut honorée comme déesse de l'agriculture.

D. *Qu'était-ce que Vénus ?*

R. C'était la déesse de la beauté. Jupiter la donna pour épouse à Vulcain, le plus laid des dieux.

D. *Comment se nommait le fils de Vénus ?*

R. Cupidon. C'était le dieu de l'amour.

D. *Qu'était-ce que Minerve ?*

R. C'était la déesse de la sagesse.

D. *Comment naquit Minerve ?*

R. Elle sortit, toute armée en guerrière, de la tête de Jupiter qui s'était fait fendre le crâne d'un coup de hache par Vulcain. Elle présidait à la guerre et alors on la nommait Pallas.

D. *Qu'était-ce que Mars ?*

R. C'était le dieu de la guerre.

D. *Qu'était-ce que Vulcain ?*

R. Vulcain était le dieu du feu. Il vint au monde si laid et si difforme, que Jupiter, ne pouvant supporter sa vue, le précipita d'un coup de pied hors des demeures éternelles. Vulcain était très adroit ; il forgea les foudres.

D. *Qu'était-ce qu'Hébée ?*

R. C'était la déesse de la jeunesse.

D. *Qu'était-ce que Momus ?*

R. C'était le dieu de la raillerie et du sarcasme.

D. *Qu'était-ce que Flore ?*

R. C'était la déesse des fleurs et du printemps.

D. *Qu'était-ce que Pomone ?*

R. C'était la déesse des fruits.

D. *Qu'était-ce que Sylvain ?*

R. C'était le dieu des bois et des forêts.

D. *Qu'était-ce qu'Eole ?*

R. C'était le dieu des vents.

D. *Qu'était-ce que Plutus ?*

R. C'était le dieu de la richesse. Il était fils de Cérès, ce qui signifie que l'agriculture engendre la prospérité.

D. *Qu'était-ce qu'Esculape ?*

R. C'était le dieu de la médecine ; il était adoré sous la forme d'un serpent. Le coq lui était consacré.

D. *Qu'était-ce que Pan ?*

R. C'était le dieu des campagnes. Ayant eu la préférence du roi Midas qui jugea que Pan jouait mieux de la flûte qu'Apollon, celui-ci, pour le punir, lui fit pousser deux oreilles d'âne.

D. *Qui s'aperçut des oreilles de Midas ?*

R. Ce fut son barbier, qui dévoila ce secret à un trou dans la terre. Des roseaux poussèrent dans cet endroit, et lorsque le vent les agitait, on les entendait murmurer : « Midas, le roi Midas, a des oreilles d'âne. »

D. *Qu'était-ce que le déluge de Deucalion ?*

R. Jupiter, pour punir les mortels, voulut les anéantir par un déluge universel. Il n'épargna que Deucalion et Pyrrha, vieillards vertueux qui régnaient en Thessalie. Ils repeuplèrent la terre en jetant derrière eux des pierres qui se changèrent en hommes ou en femmes.

D. *Nommez la déesse de la justice.*

R. C'était Thémis.

D. *Qu'était-ce que les nymphes ?*

R. C'étaient des divinités qui habitaient les mers, les fontaines, les rivières et les forêts.

D. *Qu'était-ce que les sirènes ?*

R. C'étaient les nymphes de la mer. On les representait moitié femmes et moitié poissons.

D. *Qu'était-ce que les dieux pénates ?*

R. C'étaient des divinités particulières à chaque famille.

D. *Qu'était-ce que les Génies ?*

R. C'étaient des divinités attachées à chaque homme qui le suivait depuis sa naissance jusqu'à sa mort.

D. *Qu'était-ce que le Tartare ?*

R. C'était un lieu d'horreur et de misère situé au fond des enfers, où les mânes des hommes coupables souffraient d'horribles douleurs.

D. *Qu'était-ce que les Parques ?*

R. C'étaient trois sœurs qui filaient la destinée de chaque mortel. Atropos, la plus âgée, mettait fin à la carrière des hommes en coupant le fil avec ses ciseaux.

D. *Quel était le dieu du sommeil ?*

R. Le dieu du sommeil était Morphée.

D. *Qu'était-ce que les mânes ?*

R. C'étaient les âmes des hommes morts.

D. *Parlez d'Hercule.*

R. Hercule était un héros remarquable par ses douze travaux.

D. *Enumérez les douze exploits d'Hercule.*

R. 1° Il étouffa dans ses bras un lion énorme, tombé de la lune ;

2° Il tua l'hydre de Lerne, serpent monstrueux ;

3° Il prit une biche à pieds d'airain et à cornes d'or;

4° Il garrotta le sanglier d'Erymanthe ;

5° Il purifia les étables d'Ogias, roi d'Elide ;

6° Il détruisit les Harpies, oiseaux monstrueux ;

7° Il tua un taureau furieux, qui jetait des flammes par les narines ;

8° Il vainquit Diomède, roi de Thrace, et le fit manger par ses propres cavales, que ce roi inhumain nourrissait de chair humaine ;

9° Il tailla en pièces les Amazones, femmes guerrières ;

10° Il vainquit Geryon, géant à trois corps ;

11° Il tua de ses flèches le dragon, gardien du jardin des Hespérides ;

12° Il enchaîna le chien Cerbère, gardien des enfers.

D. *Que reproche-t-on à Hercule ?*

R. On lui reproche d'avoir pris une quenouille et d'avoir filé chez la reine Omphale, qui se couvrait elle-même de la peau du lion de Némée.

D. *Qu'était-ce que Thésée ?*

R. Thésée fut le contemporain et le rival de gloire d'Hercule. Il vainquit le taureau de Marathon, le sanglier de Calidon, le tyran d'Agrigente, le brigand

Procuste, le farouche Cercyon et enfin il tua le Minotaure du labyrinthe de Minos, et il défit les Centaures.

D. *Qu'était-ce que Jason ?*

R. Jason était un héros qui fit construire le navire Argo, qui surpassait en grandeur et en légèreté tous les vaisseaux. Il enleva la Toison d'or.

D. *Qu'était-ce que Castor et Pollux ?*

R. C'étaient deux princes de Sparthe, qui accompagnèrent Jason dans l'enlèvement de la Toison d'or.

D. *Parlez de Bellérophon.*

R. Bellérophon était fils de l'un des Argonautes (passager du navire Argo) ; il tua la Chimère, avec le secours du cheval Pégase, que lui donna Minerve. La Chimère avait la tête d'un lion, le corps d'une chèvre et la queue d'un serpent ou dragon.

D. *Qu'était-ce que Persée ?*

R. Persée était un héros qui trancha la tête à Méduse, l'une des trois gorgones monstres coiffées de couleuvres, n'ayant à elles trois qu'un œil et qu'une dent qu'elles se prêtaient alternativement ; 2° Il changea le géant Atlas en une montagne fort élevée ; 3° Il délivra Andromède, qui avait été attaché sur un rocher ; 4° Il rendit la liberté à sa mère que Polydecte retenait captive.

D. *Qu'était-ce que Cadmus ?*

R. Cadmus était un héros qui tua un dragon et qui fonda la ville de Thèbes. On lui attribue l'honneur d'avoir le premier fait connaître à la Grèce les lettres de l'alphabet.

D. *Faites-nous connaître Œdipe ?*

R. Œdipe était un héros qui tua, sans le connaître, son père Laïus dans un passage étroit. Plus tard il tua

le Sphinx, qui avait le corps d'un chien, la queue d'un
serpent, les ailes d'un oiseau et les griffes d'un lion.
En récompense, il obtint la main de la reine de Thèbes
nommée Jocaste, qu'il reconnut être plus tard sa propre mère. Dans sa douleur, il s'arracha les yeux et se
bannit de la Béotie. Sa fille Antigone ne voulut pas
l'abandonner.

D. *Qu'était-ce que Pélops ?*

R. Pélops était fils de Tantale, roi de Phrygie. Ce
dernier ayant reçu chez lui les dieux qui voyageaient
sur la terre, leur offrit à manger son propre fils
Pélops, qu'il avait coupé par morceaux. Jupiter ayant
découvert le crime précipita Tantale dans les enfers.
Il ressuscita Pélops qui devint roi d'Elide ; celui-ci,
ayant fait la conquête de la presqu'île méridionale de
la Grèce, lui donna son nom : « Péloponèse ».

D. *Quelle fut la cause de la guerre de Troie ?*

R. Ce fut l'enlèvement d'Hélène, épouse de Ménélas,
roi de Sparte, par Paris, prince troyen. Les plaintes
du roi de Sparte retentirent dans toute la Grèce. Tous
les princes jurèrent de renverser la ville de Troie.

D. *Quel était le chef des confédérés ?*

R. C'était Agamennon, roi d'Argos, qui pour rendre
les vents favorables sacrifia sa fille à la déesse Diane.

D. *Nommez les princes grecs qui se distinguèrent
au siége de Troie ?*

R. Agamennon, élu généralissime de l'armée
grecque ; Achille, Ulysse, Ajax, Nestor, Philoctète, etc.

COSMOGRAPHIE

D. *Qu'est-ce que la cosmographie ?*

R. La cosmographie est la description du monde physique.

D. *Quel est le but de la cosmographie ?*

R. Le but de la cosmographie est l'étude des corps célestes : elle s'occupe principalement de la terre considérée comme corps céleste : elle traite de ses rapports avec le reste de l'univers.

D. *Qu'est-ce qu'un horizon ?*

R. L'horizon est ce cercle qui paraît comme la limite commune ou l'intersection de la terre et du ciel ; il s'appelle horizon, c'est-à-dire terminateur, parce qu'il borne notre vue.

D. *Qu'entend-on par sphère étoilée ou céleste ?*

R. La sphère étoilée est cette immense sphère où nous sommes comme enfermés, qui est parsemée d'astres dont le mouvement est uniforme, et qui décrivent dans le même sens et dans le même temps des cercles dont tous les plans sont parallèles entre eux.

D. *Comment appelle-t-on le mouvement circulaire de tous les astres ?*

R. Il se nomme mouvement diurne.

D. *Qu'appelle-t-on axe du monde ?*

R. On nomme axe du monde la ligne imaginaire qu'on suppose passer par le centre de la sphère céleste, et autour de laquelle cette sphère paraît accomplir son mouvement diurne.

D. *Qu'appelle-t-on pôles du monde ?*

R. Les extrémités de l'axe se nomment pôles du monde.

D. *Qu'appelle-t-on étoiles circompolaires ?*

R. Ce sont les étoiles fixes qui sont très près du pôle boréal et qui ne se couchent pas pour nous.

D. *Qu'est-ce que l'étoile polaire ?*

R. Parmi les étoiles circompolaires, il en est une assez brillante, qui n'est distante du pôle boréal que d'un degré et demi environ. On l'appelle étoile polaire.

D. *Qu'appelle-t-on point culminant ?*

R. On appelle point culminant d'un astre le point le plus élevé par rapport à l'horizon, auquel arrive cet astre dans le mouvement diurne de la sphère étoilée.

D. *Comment divise-t-on le jour solaire ?*

R. Le jour solaire se divise en vingt-quatre parties égales qu'on nomme heures; l'heure se divise en soixante parties égales appelées minutes; et la minute se divise en soixante parties égales qu'on nomme secondes.

D. *Qu'appelle-t-on étoiles changeantes ?*

R. Ce sont des étoiles dont l'éclat n'est pas toujours

le même ; quelques-uns des changements de ces étoiles sont périodiques.

D. *Qu'appelle-t-on étoiles fixes ?*

R. Ce sont des astres qui n'ont que le mouvement diurne et qui ne changent pas de position.

D. *Qu'est-ce que les planètes ?*

R. Ce sont des astres qui ont à la fois le mouvement propre et le mouvement diurne.

D. *Qu'appelle-t-on Comètes ?*

R. Ce sont des astres qui traversent le ciel dans toutes sortes de directions accompagnées quelquefois d'une traînée lumineuse.

D. *Qu'appelle-t-on Constellation ?*

R. Ce sont des groupes d'étoiles fixes.

D. *Quelle est la vrai forme de la terre ?*

R. La terre est un corps rond semblable à une sphère.

D. *Qu'est-ce que la pesanteur ?*

R. La pesanteur est la force qui attire tous les corps au centre de la terre.

D. *Quel est le poids de la terre ?*

R. On a calculé que le poids de la terre est cinq fois et demie celui d'un pareil volume d'eau, et il a été aussi remarqué que la température s'élève à mesure qu'on creuse le sol. La température paraît s'élever d'un degré chaque fois que la profondeur augmente de trente mètres.

D. *Est-ce la sphère céleste qui tourne d'Orient en Occident autour de la terre ?*

R. Non, les étoiles sont immobiles dans le ciel, mais c'est la terre qui tourne d'Occident en Orient.

D. *Qu'est-ce que l'Equateur ?*

R. C'est un cercle qui partage la sphère terrestre en deux parties égales qu'on nomme émisphères, l'un septentrional et l'autre méridional.

D. *Qu'est-ce que le méridien ?*

R. Le méridien est un cercle qui partage la sphère en deux parties égales ou deux émisphères, l'un oriental et l'autre occidental.

D. *Quand le soleil marque-t-il midi dans un lieu ?*

R. C'est quand il se trouve dans son point culminant.

D. *Qu'entend-on par système planétaire ?*

R. Par système planétaire on entend l'ensemble des corps qui circulent autour du soleil.

D. *Quel est le mouvement des planètes ?*

R. Les planètes ont un mouvement sensible dans le ciel.

D. *Les planètes sont-elles lumineuses par elles-mêmes ?*

R. Non, les planètes ne sont pas lumineuses par elles-mêmes; elles refléchissent seulement la lumière du soleil.

D. *Quelle est la forme des planètes ?*

R. Toutes les planètes ont la forme sphéroïdale et se meuvent suivant des lois constantes.

D. *Que comprend le système planétaire ?*

R. Le système planétaire comprend la terre, les planètes principales, les comètes et les satellites des planètes.

D. *Qu'appelle-t-on satellites ?*

R. Les satellites des planètes sont des corps célestes

qui accompagnent une planète principale, suivent les mouvements de cette planète dans le ciel, et ont de plus un mouvement propre dans l'espace, autour de leurs planètes.

D. *Combien y a-t-il de planètes ?*

R. On connaît maintenant trente-sept planètes, huit grosses et vingt-neuf petites.

D. *Quelles sont les huit grosses ?*

R. Les huit grosses sont : Mercure, Vénus, la Terre, Mars, Jupiter, Saturne, Uranus et Neptune.

D. *Est-ce que la lune n'est pas une planète ?*

R. Non, la lune n'est pas une planète, mais elle est la satellite de la terre.

D. *Combien existe-t-il de principaux systèmes planétaires ?*

R. Il en existe trois principaux. Celui de Ptolémée, celui de Copernic et celui de Tycho-Brahé.

D. *Quel est le système adopté universellement ?*

R. C'est le système de Copernic.

D. *Quel est le système de Copernic ?*

R. Copernic établit que la sphère étoilée était entièrement fixe. Ensuite Saturne, Jupiter, Mars, la Terre qui entraine la lune, Vénus et Mercure tournent dans leurs orbes autour du soleil qui reste immobile au centre du système. La terre tourne sur son axe en vingt-quatre heures, ce qui produit le mouvement diurne apparent des étoiles.

D. *Qu'appelle-t-on gravitation ?*

R. On appelle gravitation l'action de tous les corps célestes qui s'attirent mutuellement. Cela posé, la Terre attire un caillou comme le caillou attire la Terre.

D. *Quel est le centre d'attraction pour le système planétaire ?*

R. C'est le soleil.

D. *Les planètes ont-elles une masse aussi grande que le soleil ?*

R. Non, chaque planète a moins de masse que le soleil, et la satellite moins que sa planète.

D. *Les planètes ont-elles un mouvement de rotation sur elles-mêmes ?*

R. Oui, toutes les planètes ont un mouvement de translation autour du soleil, mais il est prouvé de plus que chaque planète a aussi un mouvement de rotation sur elle-même. Cela est démontré par les taches remarquées au moyen du télescope à la surface de ces planètes.

D. *Quelle est la distance de la terre au soleil ?*

R. Le soleil est placé à trente-huit millions de lieues de la terre.

D. *Quelle est la grandeur du soleil ?*

R. Sa masse est trois cent cinquante-cinq mille fois celle de la terre.

D. *Quelle est la circonférence de la terre ?*

R. Elle a dix mille lieues de circonférence ou 40,000 kilomètres.

D. *La terre se meut-elle autour du soleil ?*

R. Oui, la terre se meut autour du soleil.

D. *En combien de temps la révolution de la terre s'accomplit-elle autour du soleil ?*

R. En trois cent soixante-cinq jours, cinq heures et quarante-neuf minutes.

D. *Nommez les quatre saisons de l'année.*

R. Le Printemps, l'Eté, l'Automne et l'Hiver.

D. *Quand est-ce que le soleil est à l'équinoxe du printemps ?*

R. C'est lorsque le soleil nous paraît dans le plan de l'équateur, ce qui arrive le vingt-un mars.

D. *Qu'appelle-t-on solstice d'été ?*

R. C'est quand le soleil s'étant éloigné peu à peu de l'Equateur il a atteint 66° 32° du pôle boréal ; cela a lieu le 21 juin, à partir de ce jour il retourne vers l'Equateur.

D. *Qu'appelle-t-on équinoxe d'automne ?*

R. On appelle équinoxe d'automne quand le soleil se trouve de nouveau à l'Equateur, ce qui arrive le 21 septembre.

D. *Qu'appelle-t-on solstice d'hiver ?*

R. C'est quand le soleil en s'éloignant peu à peu de l'Equateur a atteint 66° 32° vers le pôle austral, ce qui a lieu le 21 décembre, et puis il revient de nouveau vers l'Equateur.

D. *Quand les jours sont-ils plus longs et plus courts ?*

R. A l'époque des équinoxes, les jours sont d'égale mesure avec les nuits ; au solstice d'été le jour est plus long que la nuit ; et au solstice d'hiver la nuit est plus longue que le jour.

D. *A quelle cause devons-nous les inégalités des jours et des nuits ?*

R. C'est à la marche du soleil.

D. *Qu'est-ce que le soleil ?*

R. Le soleil est un corps lumineux par lui-même,

son mouvement propre observé n'est qu'apparent et il doit être attribué au mouvement réel de la terre.

D. *Quel est le diamètre du soleil ?*

R. Le soleil a environ 350,000 lieues de diamètre.

D. *Quelle est la constitution physique du soleil ?*

R. Il y a des astronomes qui considèrent le soleil comme un corps en combustion et disent que, du sein des volcans qu'il renferme, s'élancent des gaz enflammés qui traversent le système planétaire en portant partout la chaleur et la lumière; et d'autres prétendent que le soleil n'est qu'une masse solide enveloppée d'une atmosphère lumineuse.

D. *Le soleil est-il beaucoup plus grand que la terre?*

R. Oui, car le volume du soleil est égal à un million quatre cent cinq mille fois le volume de la terre.

D. *Pourquoi le matin et le soir peut-on quelquefois regarder le soleil à l'œil nu et ne le peut-on pas à midi ?*

R. C'est que le matin et le soir il y a pour le rayon solaire qui arrive à notre œil une bien plus grande masse d'air à traverser qu'à midi. Il y a par conséquent un bien plus grand nombre de couches gazeuses entre notre œil et l'astre: et comme chacune des couches affaiblit l'éclat du soleil, nous pouvons facilement fixer nos regards sur cette lumière qui est insupportable à midi.

D. *Combien de lieues la lune parcourt-elle par minute ?*

R. Sa vitesse est à peu près de quatre cent cinquante lieues par minute.

D. *En combien de jours la lune tourne-t-elle autour de la terre ?*

R. La lune tourne autour de la terre en vingt-neuf jours et demi ; elle se trouve pendant sa révolution dans diverses positions par rapport au soleil ; et c'est à ces positions différentes qu'on doit ce qu'on appelle les phases de la lune.

D. *La lune est-elle un corps lumineux ?*

R. Non, la lune n'est pas un corps lumineux par lui-même, mais toute sa lumière lui vient du soleil.

D. *Donnez quelques détails sur la constitution physique de la lune.*

R. On a conclu que les points lumineux qu'on aperçoit dans la lune sont de hautes montagnes que le soleil éclaire et dont les ombres sont projetées à l'opposé de la lumière.

D. *Y a-t-il une atmosphère autour de la lune ?*

R. Non, quoique certains astronomes aient pensé qu'il y avait des mers dans la lune, il est probable qu'il n'y a pas de liquides répandus à la surface de ce globe, car s'il y en avait il s'y formerait une atmosphère.

D. *Quel est le volume de la lune et sa masse relativement à la terre ?*

R. Son volume n'est que le cinquantième de celui de la terre, de sorte que sa masse est quatre-vingt-une fois plus petite que celle de notre globe.

D. *La lune est-elle parfaitement sphérique ?*

R. On n'a pas remarqué que la lune fût comme la terre applatie vers les pôles dans son mouvement de rotation sur son axe ; la lune présente successivement au soleil tous ses points. Mais la durée de ce mouvement étant précisément égale à celle de sa translation autour de la terre, il suit de là que chaque jour y est de quinze fois nos vingt-quatre heures, et qu'il en est de même de chaque nuit.

D. *Qu'est-ce qu'une éclipse ?*

R. Une éclipse est quand un corps opaque se place entre un corps lumineux et un corps éclairé; alors il intercepte la lumière du corps lumineux et projette une ombre en sens inverse. Tout corps d'abord éclairé qui passe dans l'ombre d'un corps opaque est obscurci et cesse de réfléchir la lumière.

D. *Quelle est la cause des éclipses du soleil ?*

R. L'éclipse du soleil a pour cause l'interposition de la lune entre cet astre et la terre.

D. *Quelle est la cause des éclipses de lune ?*

R. Il y a éclipse de lune quand la terre se trouve entre cet astre et le soleil.

D. *Quand est-ce que l'éclipse est totale ?*

R. L'éclipse est totale quand la lune est entièrement plongée dans le cône d'ombre projeté par notre globe.

D. *Quand est-ce que l'éclipse est partielle ?*

R. L'éclipse est partielle quand la lune ne fait que pénétrer en partie dans le cône d'ombre projeté par la terre.

D. *Quelle peut être la durée d'une éclipse de soleil et d'une éclipse de lune ?*

R. Dans les éclipses de soleil, l'obscurité complète ne peut durer plus de cinq minutes; une éclipse de lune peut avoir une durée de plus de trois heures.

D. *Quelle est la plus brillante des planètes ?*

R. La plus brillante des planètes est Vénus.

D. *La planète Vénus est-elle aussi grande que la terre ?*

R. Non, elle n'est pas tout à fait aussi grande, mais elle surpasse les 9 10ᵉ du volume de notre globe. Cette planète est plus éloignée du soleil que Mercure. On la suppose hérissée de montagnes très élevées. Son atmosphère paraît être semblable à celle de la terre.

D. *Quelle est la distance du soleil ?*

R. Vénus est distante du soleil de vingt-sept millions de lieues. Elle est placée entre le soleil et la terre.

D. *Quelle est la plus considérable de toutes les planètes ?*

R. La planète la plus considérable est Jupiter : son éclat est très vif et il égale quelque fois celui de Vénus. Nous en sommes trop distants pour pouvoir apercevoir ses phases.

D. *Quel est le volume de la planète Jupiter ?*

R. Son volume est mille quatre cent quatorze fois celui de la terre.

D. *Quelle est sa distance du soleil ?*

R. Elle est placée à près de deux cents millons de lieues du soleil. La lumière et la chaleur y sont vingt-sept fois moindres que sur notre globe.

D. *Cette planète a-t-elle des satellites ?*

R. Oui, quatre satellites gravitent autour de cette planète. Le troisième et le quatrième satellite paraissent grands comme Mercure qui est un dix-septième du volume de la terre. Les deux autres sont grands comme la lune.

D. *Quel est le volume de la planète Saturne ?*

R. Saturne est sept cents fois plus grosse que la terre.

D. *Qu'est-ce que les comètes ?*

R. Les comètes sont ordinairement accompagnées d'une traînée lumineuse ou chevelure et c'est ce qui leur fait donner le nom de comètes. Ces astres sont visibles pendant un temps très court.

D. *Comment se meuvent les comètes ?*

R. Le mouvement des comètes diffère beaucoup de celui des planètes; tantôt ils s'accomplissent d'Occident en Orient, tantôt d'Orient en Occident. Cela a fait croire longtemps qu'elles n'étaient point assujéties aux lois qui régissent le système planétaire. Dans leur mouvement elles passent souvent très près du soleil ; elles supportent alors une chaleur considérable, qui dilate extraordinairement la matière dont elles sont composées ; cette matière, très dilatée, réfléchit les rayons du soleil, et c'est à cette cause qu'on attribue la chevelure enflammée qui quelquefois accompagne ces astres errants.

D. *Qu'entend-on par marée ?*

R. On nomme marées le mouvement périodique qu'éprouve la mer, qui deux fois par jour s'élève et deux fois s'abaisse.

D. *Qu'est-ce que le flux de la mer ?*

R. Lorsque les eaux de la mer s'élèvent, elles se précipitent dans les fleuves et remontent au-delà de l'embouchure ; on dit alors qu'il y a flux ou flots.

D. *Qu'est-ce que le reflux ou jusant ?*

R. On dit qu'il y a reflux ou jusant lorsque les eaux s'abaissent et reviennent à la mer.

D. *Qu'appelle-t-on haute mer et basse mer ?*

R. On appelle haute mer le moment où les eaux

ont acquis leur plus grande élévation. On nomme basse mer le moment où les eaux sont les plus abaissées.

D. *De quelles causes peuvent dépendre ces élévations et ces abaissements périodiques ?*

R. Les eaux s'élèvent quand la lune passe au méridien supérieur ou inférieur ; elles s'abaissent lorsque la lune passe dans la position intermédiaire.

PHYSIQUE

D. *Qu'est-ce que la physique ?*

R. La physique est l'étude de la nature; c'est la science qui explique les causes de ses grands phénomènes.

D. *Qu'entend-on par phénomène de la nature ?*

R. On entend par phénomène des effets surprenants et extraordinaires qui arrivent de temps en temps dans la nature, c'est-à-dire sur la terre, sur la mer et dans les airs, comme les tremblements de terre, les volcans, les trombes de mer, le tonnerre, l'aurore boréale et l'électricité.

D. *Les dames et les demoiselles doivent-elles connaître la physique ?*

R. Les demoiselles et les dames ne peuvent et ne doivent pas prétendre à la science d'un professeur, mais il leur convient d'avoir une forte teinture de la physique.

D. *Dites ce que doivent principalement savoir les demoiselles ?*

R. Une demoiselle doit comprendre et savoir expliquer les substances et la force de l'eau et de l'air, les causes des éclipses du soleil et de la lune, des tremblements de terre, des volcans, etc.

D. *Où la physique a-t-elle pris sa naissance ?*

R. La physique doit sa naissance à la curiosité, qui a pour objets les phénomènes de la nature dont nous ne connaissons pas les causes, que nous pouvons néanmoins connaître, si nous nous appliquons à les chercher.

DE L'EAU

D. *Qu'est-ce que l'eau ?*

R. L'eau est un fluide transparent sans odeur, sans saveur et sans couleur.

D. *Sous combien de formes voit-on l'eau ?*

R. Sous trois formes : solide, liquide et en vapeur.

D. *Comment la nomme-t-on quand elle est solide?*

R. On la nomme glace, neige, gelée blanche ou givre.

D. *Quand est-ce que l'eau se change en glace ?*

R. Quand elle perd une grande partie de sa chaleur.

D. *Pourquoi la glace reste-t-elle au-dessus de l'eau?*

R. Parce qu'elle est plus légère que l'eau ?

D. *Occupe-t-elle plus de place que l'eau liquide ?*

R. Oui, et elle écarte avec tant de force les obstacles qui lui résistent qu'elle fait crever les tuyaux des fontaines, fendre les pierres.

D. *Qu'est-ce que la neige et la grêle ?*

R. La neige et la grêle sont de la pluie qui gèle.

D. *Qu'est-ce que la gelée blanche ou le givre ?*

R. Le givre est un brouillard qui gèle.

D. *Quand est-ce que l'eau est liquide ?*

R. Elle est liquide quand elle est dans son état naturel, comme l'eau de pluie, l'eau de rivière, etc.

D. *Qu'est-ce que la pluie ?*

R. La pluie est un nuage qui tombe en gouttes d'eau.

D. *Quelle est la hauteur de la région des nuages ?*

R. Elle ne dépasse guère en hauteur cinq à six mille mètres au-dessus du sol et les nuages ne descendent pas au-dessous de trois cents mètres, à moins qu'ils ne tombent en pluie.

D. *Quand est-ce que l'eau est en vapeur ?*

R. Quand par la fumée elle forme des nuages et des brouillards, ou quand elle produit simplement l'humidité dans l'air.

D. *Dites si l'eau réduite en vapeur occupe beaucoup de place.*

R. L'eau réduite en vapeur tient mille sept cents fois autant de place que l'eau liquide et tend toujours à s'étendre dans tous les sens.

D. *Qu'arrive-t-il si l'on tient cette vapeur renfermée dans une place trop petite ?*

R. L'effort qu'elle fait pour s'étendre est si violent

qu'elle peut briser les corps les plus épais et surmonter tout ce qui lui résiste.

D. *A quoi emploie-t-on la vapeur ?*

R. Pour mettre en mouvement toutes sortes de mécaniques dans les fabriques, les usines, etc.; pour faire marcher les vaisseaux sur les fleuves et sur mer, pour faire avancer les wagons sur les chemins de fer.

DE L'AIR

D. *Qu'est-ce que l'air ?*

R. L'air est un corps invisible et insaisissable, dont les propriétés et la force démontrent assez qu'il y a une substance matérielle.

D. *L'homme pourrait-il se passer de l'air ?*

R. Non, ce fluide est absolument nécessaire à la respiration de l'homme et des animaux, et à la combustion des autres corps ; et aucun corps ne pourrait brûler dans un lieu privé d'air.

D. *Qu'est-ce que l'on désigne sous le nom d'atmosphère ?*

R. On désigne sous le nom d'atmosphère la masse d'air qui entoure la terre et forme autour d'elle soixante-quinze kilomètres de hauteur?

D. *Dites-nous si l'air est subtil ?*

R. L'air est si subtil, qu'il pénètre dans tous les pores ou vides des corps.

D. *L'air est-il transparent ?*

R. L'air est si transparent, qu'il n'intercepte pas la vue des astres placés à des distances presque infinies de nous.

D. *L'air a-t-il une couleur ?*

R. Non, mais lorsqu'on le découvre de très loin, il offre une teinte bleue; c'est lui qui forme au-dessus de nos têtes cette belle voûte bleue que nous appelons le ciel.

D. *Quel est le poids de l'air ?*

R. Le poids de l'air est sept cent soixante-dix fois moindre que celui de l'eau.

D. *Quel est le poids d'air que supporte le corps de l'homme ?*

R. Il supporte un poids de quinze à seize mille kilogrammes.

D. *L'air a-t-il la même densité à toutes les hauteurs ?*

R. L'air devient de plus en plus rare à mesure qu'on s'élève davantage; aussi respire-t-on très difficilement sur les plus hautes montagnes.

D. *A quelle hauteur s'est-on élevé de nos jours dans un ballon ?*

R. Des savants se sont élevés à neuf kilomètres au-dessus de la terre; mais, à cette hauteur, l'air devient trop rare et trop froid pour entretenir la vie.

DES ÉCLIPSES

D. *Dites ce que c'est qu'une éclipse de soleil ?*

R. On dit qu'il y a éclipse de soleil quand la lune se rencontre entre le soleil et la terre.

D. *Comment la lune peut-elle se trouver devant le soleil ?*

R. Le soleil étant plus haut que la lune et la terre marchant, il n'est pas extraordinaire que la lune se rencontre entre le soleil et la terre.

D. *Quand est-ce qu'il y a éclipse de lune ?*

R. Quand la terre se trouve entre la lune et le soleil, dont la lune reçoit sa lumière. Les éclipses de lune n'arrivent que la nuit.

D. *Quand est-ce que l'éclipse de soleil est totale ?*

R. Quand la lune cache entièrement le soleil ; alors on est dans la nuit la plus profonde, mais la lune étant beaucoup plus petite que le soleil et la terre, elle peut bien cacher le soleil à une partie de ceux sur l'horizon desquels il se trouve, mais non pas à tous.

D. *Combien de temps peut durer une éclipse de soleil ?*

R. Elle ne peut durer totale au-delà de cinq minutes, tandis qu'une éclipse de lune peut durer plusieurs heures.

DES TREMBLEMENTS DE TERRE

D. *Faites connaître les causes qui produisent les tremblements de terre ?*

R. Il y a dans les entrailles de la terre toutes sortes de matières combustibles comme du bitume, du soufre, du salpêtre, etc. Ces matières sont dans une continuelle fermentation. S'il arrive qu'une partie de l'eau qui circule dans la terre s'approche de ces matières, elles s'enflamment, et la grande chaleur qui résulte de cette inflammation cause dans l'air souterrain une extrême raréfaction qui en augmente prodigieusement le volume, et le force par conséquent à occuper une plus grande place. S'il trouve quelque ouverture pour s'échapper, il s'y précipite avec impétuosité et cause bien quelque secousse à la terre, mais ces tremblements sont légers et ne durent que peu de temps ; si au contraire l'air rencontre une grande résistance pour sortir, les violents efforts qu'il fait pour les vaincre occasionnent à la terre ces violentes secousses qui produisent de terribles effets.

DES VOLCANS

D. *Comment une montagne peut-elle jeter du feu?*

R. Quand l'air souterrain a été dilaté par la chaleur des matières qui se sont enflammées dans le sein de la terre, il cherche à s'échapper ainsi que le feu qui s'est allumé par la fermentation de ces matières. Si la terre qui les couvre n'offre pas une trop grande résistance à leurs efforts, ils la soulèvent et poussent avec impétuosité tous les obstacles qui s'opposent à leur sortie. Il se forme alors au sommet de la montagne qui les récélaient une ouverture plus ou moins large d'où s'élèvent, avec une violence inouïe, des tourbillons de flamme et de fumée, des pierres calcinées et des torrents de métaux fondus qui s'écoulent sur les flancs de la montagne, consumant tout ce qu'ils rencontrent. Ces matières fondues se nomment lave.

D. *Qu'arrive-t-il quand l'explosion est forte?*

R. Quand le volcan pousse les matières enflammées à de grandes distances, alors les villes des environs courent le danger d'être ensevelies sous un déluge de feu.

DE L'ORIGINE DES FLEUVES

D. *Où les fleuves ont-ils leurs réservoirs ?*

R. Dans le sein des montagnes, et ces réservoirs sont alimentés par les neiges qui couvrent les sommets les plus élevés et par les pluies qui tombent plus fréquemment sur les hauteurs que sur les plaines. Ces pluies filtrent à travers le sol jusqu'à ce que, rencontrant un terrain imperméable, elles forment des bassins ou réservoirs. Les eaux de ces réservoirs pénètrent dans les fentes du terrain et s'échappent au dehors dès qu'elles trouvent une issue.

DES VENTS

D. *Qu'est-ce que les vents ?*

R. Les vents sont l'air agité qui se déplace par une cause quelconque. Les vents sont des courants d'air comme les rivières sont des courants d'eau.

D. *Qui produit le vent ?*

R. Plusieurs causes le produisent. La terre en tournant sur elle-même produit des vents, comme la pluie et la grêle en rafraîchissant l'air produisent des vents.

D. *A quoi donnent lieu les mouvements violents de l'air ?*

R. Aux tempêtes, aux ouragans, aux tourbillons, qui résultent de la rencontre de deux vents soufflant en sens opposé.

D. *Les vents ont-ils quelque utilité ?*

R. Oui, car ils renouvellent l'air que nous respirons et qui sans cela se corromprait bientôt et engendrerait une foule de maladies. Tantôt ils amènent la chaleur des climats plus doux, tantôt ils chassent devant eux les nuages qui tombent en pluies bienfaisantes.

DES TROMBES

D. *Qu'est-ce qu'une trombe ?*

R. On donne le nom de trombe à des colonnes d'air de vapeurs ou d'eau qui tournent sur elles-mêmes avec une grande vitesse en montant ou en descendant. Ces trombes peuvent avoir des effets désastreux.

D. *En voit-on souvent à l'approche d'un orage ?*

R. A l'approche d'un orage, on voit souvent s'élever des tourbillons de poussière qui sont de véritables trombes sèches.

D. *Par quoi sont formées les trombes d'eau ?*

R. Par des nuages qui descendent du ciel en tourbillonnant et en entraînant tout dans leur passage;

d'autres fois, c'est la mer qui s'élève en tourbillonnant vers les nuages.

D. *Si la trombe tombe sur un vaisseau, qu'arrive-t-il.*

R. Souvent la trombe engloutit le vaisseau.

D. *Qu'appelle-t-on cyclone ?*

R. C'est une tempête tournante que l'on voit souvent dans les mers tropicales.

DE L'AURORE BORÉALE

D. *Que nomme-t-on aurore boréale ?*

R. Un grand arc lumineux qu'on voit briller dans le ciel du côté du Nord après le coucher du soleil, et qui est traversé par des gerbes de feu.

D. *A quoi est dû l'aurore boréale ?*

R. Il est dû à l'électricité de l'atmosphère.

D. *Dites si ce phénomène est fréquent dans nos climats.*

R. Il est très rare dans nos climats, mais il est très fréquent quand on se rapproche des pôles.

DU TONNERRE

D. *Qu'est-ce que le tonnerre ?*

R. Le tonnerre ou la foudre est tout simplement **un effet du fluide** électrique qui s'amasse dans les **nuages.** Quand ces nuages sont fortement chargés, ils laissent échapper ce fluide sur la terre. On dit alors que le tonnerre est tombé.

D. *De quoi résulte l'éclair ?*

R. Quand le fluide électrique passe d'un lieu à un autre, ou que deux nuages chargés d'électricité viennent à se choquer, il en résulte un éclair.

D. *Par quoi est produit le roulement du tonnerre ?*

R. Il est produit par les secousses ou l'ébranlement que ressent l'air, au moment où le fluide électrique se décharge sur un nuage ou sur la terre et par l'écho qui répète plusieurs fois ce bruit.

D. *Quelles sont les précautions à prendre contre le tonnerre pendant l'orage ?*

R. Il faut s'éloigner des lieux élevés parce qu'ils attirent la foudre, s'éloigner des arbres. Il ne faut pas tenir les fenêtres ouvertes parce que le fluide électrique se précipite vers les courants d'air.

D. *Existe-t-il un moyen de préserver les maisons de la foudre ?*

R. Oui, c'est de placer un paratonnerre sur les maisons.

D. *Qu'est-ce que le paratonnerre ?*

R. C'est une longue barre de fer terminée par une pointe de platine et qu'on dresse au sommet des édifices; du pied de cette barre part une corde en fil de fer, laquelle descend en suivant le mur dans un puits ou dans un trou fait en terre.

D. *Par qui a été inventé le paratonnerre ?*

R. Par le célèbre physicien nommé Franklin.

DE L'ÉLECTRICITÉ

D. *Qu'est-ce que l'électricité ?*

R. C'est un fluide que l'on ne peut pas plus voir que l'air. Il est répandu dans toute la nature et notamment dans les corps humains.

D. *De quoi se sert-on pour mettre l'électricité en mouvement ?*

R. Pour produire des courants électriques, on se sert de différents appareils appelés piles.

D. *En quoi consiste la galvanoplastie ?*

R. Voici en quoi elle consiste : un sel métallique, dissous dans un liquide en communication avec la pile, dépose une couche mince et adhérente de métal sur les objets que l'on plonge dans ce liquide.

D. *Dites-nous comment s'exécute cette opération ?*

R. Si l'on plonge une cueillère d'étain dans de l'eau en communication avec les fils d'une pile et où l'on a fait dissoudre du nitrate d'argent, cette substance se décompose et l'argent va se fixer sur la cueillère qui se trouve ainsi solidement argentée.

D. *Est-ce ainsi que se fabrique l'argenterie dite ruolz ?*

R. Oui, c'est ainsi qu'elle se fabrique et que l'on peut dorer les métaux et le bois, etc.

D. *Décrivez le télégraphe électrique ?*

R. Le télégraphe électrique se compose d'un appareil manipulateur qui transmet la dépêche et d'un appareil récepteur qui la reçoit. Ces appareils sont rattachés entre eux par des fils conducteurs et isolés, soutenus de distance en distance par des poteaux. Le fluide électrique communiqué aux fils de l'appareil manipulateur au moyen de piles, met en mouvement l'appareil récepteur auquel ces fils aboutissent. Ce dernier reproduit les mots transmis à travers les fils par l'appareil manipulateur.

D. *Qu'est-ce que le téléphone ?*

R. Le téléphone par l'application de l'électricité transmet le son même et permet à deux personnes de tenir conversation à des distances très éloignées.

DE LA LUMIÈRE

D. *Quelle est la principale source de la lumière pour notre globe ?*

R. C'est le soleil.

D. *La vitesse de la lumière est-elle grande ?*

R. Oui, car elle parcourt soixante-dix-sept mille lieues par secondes.

D. *De combien de couleurs est composée la lumière du soleil ?*

R. La lumière du soleil, qui nous paraît blanche, est en réalité composée de sept couleurs, les mêmes que nous voyons dans l'arc-en-ciel, le violet, l'indigot, le bleu, le vert, le jaune, l'orange et le rouge.

D. *Quels sont les corps qui réfléchissent ou renvoient la lumière ?*

R. Tous les corps brillants tels que l'acier poli: les miroirs renvoient la lumière.

D. *Quels effets produisent les miroirs concaves ?*

R. Un miroir concave, c'est-à-dire creusé légèrement, devient grossissant les objets.

D. *Quels effets produisent les miroirs convexes ?*

R. Un miroir convexe, légèrement bombé, rappetisse les objets qui s'y réfléchissent.

D. *Quelle est l'action de la lumière sur certaines substances ?*

R. La lumière du soleil décompose certaines substances et leur imprime l'image des objets.

D. *Qu'est-ce que la photographie ?*

R. La photographie est un procédé par lequel la lumière imprime les images des objets après avoir traversé une lentille ou verre grossissant, qui sont reçues dans une caisse noire nommée chambre obscure; là, ces images s'impriment sur une plaque de verre qui a subi certaines préparations chimiques. On applique

ensuite sur cette même plaque un papier préparé à
l'aide de certaines substances qui fixent définitivement
l'image des objets.

CHIMIE

D. *Quel est le but de la chimie ?*

R. La chimie a pour but l'étude des combinaisons que les corps peuvent contracter entre eux. Elle apprend à les produire et à les détruire.

D. *Par quelle méthode procède la chimie ?*

R. Elle procède habituellement par deux méthodes, l'analyse et la synthèse.

D. *En quoi consiste l'analyse ?*

R. L'analyse consiste à séparer les éléments des corps.

D. *En quoi consiste la synthèse ?*

R. La synthèse a pour but de rapprocher les éléments des corps et de les combiner.

D. *Comment fait-on l'analyse de l'eau ?*

R. On fait passer de la vapeur d'eau dans un tube de porcelaine contenant du fil de fer et porté à la température rouge; l'eau se décompose en deux principes gazeux : l'un appelé oxygène se fixe sur le fer; l'autre appelé hydrogène se trouve mis en liberté.

D. *Qu'appelle-t-on alliage ?*

R. On nomme alliage le produit de la combinaison des métaux entre eux. Lorsque le mercure fait partie de l'alliage, on emploie le mot amalgame.

L'AIR

D. *De quel gaz est composé l'air ?*

R. Il est composé de deux gaz mélangés ensemble et qui en sont les éléments essentiels : l'oxygène et l'azote. Il contient en outre un troisième gaz, l'acide carbonique, qui n'y entre qu'en très faibles proportions; enfin il renferme une quantité de vapeur d'eau.

D. *Qu'est-ce que l'oxygène ?*

R. L'oxygène est un gaz sans couleur, sans odeur, sans saveur, un peu plus lourd que l'air.

D. *Dites si le gaz oxygène peut être respiré pur?*

R. Non, parce qu'il est trop vif. Les corps enflammés y brûlent avec plus de rapidité que dans l'air. L'azote modère l'action de l'oxygène et le rend propre à entretenir la respiration.

D. *Par quoi la flamme d'une bougie est-elle produite ?*

R. Par des gaz que la chaleur dégage de la cire et qui brûlent à l'air en produisant une quantité de chaleur suffisante pour les rendre lumineux.

D. *Qu'est-ce que l'azote ?*

R. C'est un gaz sans couleur, sans odeur, sans saveur, dans lequel les corps enflammés s'éteignent immédiatement et les animaux y sont asphyxiés en un instant.

D. *Qu'est-ce que l'hydrogène ?*

R. C'est un gaz incolore, inodore et sans saveur; l'hydrogène n'entretient pas la combustion, c'est-à-dire qu'il est irrespirable, il asphyxie.

L'EAU

D. *Quels sont les gaz qui entrent dans la composition de l'eau ?*

R. L'oxygène et l'hydrogène entrent dans la composition de l'eau dans la proportion de 8 grammes d'oxygène pour un gramme d'hydrogène.

D. *Dites si les eaux renferment des substances diverses.*

R. Oui, par exemple l'eau de la mer contient une grande quantité de chlorure de sodium, qu'on appelle vulgairement sel marin ou sel de cuisine. Les eaux de rivières et de puits contiennent du bicarbonate de chaux (le plâtre).

D. *Qu'appelez-vous eaux thermales ?*

R. On appelle eaux thermales les eaux qui ont une température notablement plus élevée que celle de l'air.

D. *Qu'appelle-t-on eaux minérales ?*

R. Les eaux minérales sont des eaux de sources froides ou chaudes, chargées de principes minéraux empruntés aux sols qu'elles ont traversés.

D. *Qu'appelle-t-on eaux gazeuses ?*

R. Les eaux qui contiennent en dissolution, en fortes proportions, de l'acide carbonique.

D. *Quels sels contiennent surtout les eaux de Vichy ?*

R. Des sels de soude.

D. *Qu'appelle-t-on eaux ferrugineuses ?*

R. Les eaux qui renferment du carbonate de fer.

D. *Qu'appelle-t-on eaux sulfureuses ?*

R. On appelle eaux sulfureuses celles qui contiennent en dissolution de l'acide sulfhydrique, ou plutôt des sulfures alcalins. Comme les eaux de Barèges, d'Enghien.

CARBONE

D. *Que désigne-t-on sous le nom de charbon ?*

R. Un certain nombre de substances qui renferment toutes en très grande quantité un même corps simple appelé le carbone.

D. *Combien connaît-on de variétés de carbone pur ?*

R. On en connaît deux très différentes l'une de l'autre par les caractères physiques. La première est le diamant, et la seconde est la plombagine.

D. *Qu'est-ce que le diamant ?*

R. Le diamant est un charbon que l'on trouve surtout au Brésil et dans l'Inde, au milieu des sables roulés par les eaux ; on l'y rencontre entouré d'une enveloppe terreuse, qu'on appelle sa gangue.

D. *Le diamant est-il seulement un objet de luxe ?*

R. Non, car par sa dureté il est une matière précieuse ; il raye et il use tous les corps sans exception.

D. *Qu'est-ce que la plombagine ?*

R. La plombagine est une matière noire, onctueuse au toucher, très tendre et qui tache fortement le papier. Dans certaines circonstances elle offre un aspect métallique, elle est alors très dure et peut rayer le fer ; on l'appelle dans ce cas graphite.

D. *Qu'est-ce que la houille ?*

R. La houille est un charbon minéral ou charbon de terre, elle renferme de 80 à 90 °/₀ de carbone.

D. *Où trouve-t-on la houille ?*

R. La France renferme de nombreux dépôts de houille ; mais la Belgique et l'Angleterre sont bien plus riches encore que nous sous ce rapport.

D. *A quoi est due sa formation ?*

R. La formation de la houille remonte aux époques les plus reculées de notre globe. Elle est due à l'ensevelissement, sous les eaux, d'immenses forêts qui s'y sont décomposées, et dont on retrouve les troncs, les tiges et les feuilles empreintes dans la houille.

D. *Qu'est-ce que le lignite ?*

R. C'est un charbon enfoui dans la terre moins profondément que les houilles. C'est du bois à peine altéré. Il existe aussi des lignites très serrés, très durs, où l'on ne peut découvrir aucune trace de végétation : tel est par exemple le jais, employé comme ornement de deuil.

D. *Qu'appelle-t-on charbon artificiel ?*

R. Le charbon artificiel est celui qu'on fabrique en décomposant des matières organiques, végétales ou animales. Ainsi, lorsqu'on chauffe le bois à l'abri de l'air, les éléments qui le constituent : oxygène, hydrogène, carbone, se désunissent en formant des composés plus simples.

D. *Qu'appelle-t-on noir animal ?*

R. On appelle noir animal tout charbon provenant du sang desséché et des débris fournis par les ateliers d'équarrissage.

D. *Qu'appelle-t-on noir d'ivoire ?*

R. C'est un charbon qui s'obtient par la calcination des os.

D. *Comment s'obtient le noir de fumée ?*

R. En brûlant d'une manière incomplète des matières résineuses.

D. *Quel est le pouvoir décolorant du charbon ?*

R. Il s'empare des couleurs sans les décomposer ; presque toutes les matières colorantes végétales peuvent être absorbées par le charbon. C'est sur cette propriété qu'est fondé l'emploi du noir animal dans les raffineries, pour la décoloration des sirops.

D. *Quel est le pouvoir désinfectant du charbon ?*

R. Le charbon est un antiputride très efficace ; il absorbe les miasmes putrides et les matières animales en décomposition. Les eaux des citernes, des marais, prennent souvent une odeur fétide. Il suffit de faire passer cette eau au travers d'une couche un peu épaisse de charbon pour la désinfecter.

D. *Quels sont les deux gaz que le charbon produit?*

R. Les deux gaz sont l'oxide de carbone et l'acide carbonique ; tous deux sont irrespirables ; l'oxide de carbone est un poison ; il produit l'asphyxie.

D. *Dites-nous si les plantes absorbent l'acide carbonique.*

R. Oui, les plantes, par leurs parties vertes, par leurs feuilles, absorbent l'acide carbonique, et à la place rejettent de l'oxygène, surtout quand la plante aura des feuilles plus nombreuses et plus larges.

D. *Que peut-on former avec le carbone et l'oxygène?*

R. Le carbone forme avec l'oxygène un grand nombre de combinaisons comme le goudron, le bitume, le caoutchouc, l'essence de térébentine, etc.

D. *Comment obtient-on le gaz de l'éclairage ?*

R. C'est en distillant la houille en vase fermé, ou quelquefois en décomposant par la chaleur la résine, l'huile, les résidus de savonnerie.

D. *Avec quels éléments fabrique-t-on la poudre à canon ?*

R. Avec du salpêtre, du soufre et du charbon, que l'on pulvérise séparément et que l'on mélange ensuite.

D. *Qu'est-ce que l'ammoniaque ?*

R. C'est un gaz formé d'azote et d'hydrogène ; on l'emploie pour combattre les effets du venin des vipères. L'ammoniaque est un poison.

D. *Qu'est-ce que le soufre et où le trouve-t-on ?*

R. Le soufre est un corps solide, jaune citron, sans saveur. Le soufre se trouve dans la nature à l'état de liberté, ordinairement à la surface du sol, aux environs des volcans, près de Naples en Sicile, en Islande.

D. *Qu'est-ce que le phosphore ?*

R. C'est un corps solide qui prend feu dans l'air à une température peu élevée ; il s'emploie à la fabrication des allumettes chimiques. On extrait le phosphore des os des animaux de boucherie.

D. *Qu'est-ce que le chlore ?*

R. C'est un gaz qui se liquifie et solidifie assez facilement ; il est d'une couleur verte ; il détruit les matières colorantes. Il détruit, comme le charbon, les ferments putrides ; on s'en sert pour détruire les exhalaisons pestilentielles dans les hôpitaux et même dans les habitations.

DE L'ARGILE

D. *Qu'est-ce que l'argile ?*

R. L'argile est une substance solide, infusible, douce et grasse au toucher, collant à la langue, susceptible de former avec l'eau, par l'agitation, une pâte qui se pétrit à volonté et que le feu durcit. L'argile s'emploie pour la fabrication des poteries et de la porcelaine. Pour les porcelaines, on emploie l'argile la plus pure, nommée kaolin.

D. *Avec quoi donne-t-on à la porcelaine une couleur transparente ?*

R. En mêlant du quartz pulvérisé au kaolin.

DU VERRE

D. *Qu'est-ce que le verre ?*

R. C'est un sélicate double de potasse et de chaux, que l'on obtient en fondant ensemble, dans des fours de forme spéciale, du sable, de la potasse ou de la soude et de la craie. Pour faire l'espèce de verre appelée cristal, on ajoute à ces matières du minium, qui, par sa fusion avec le sable, forme du silicate de plomb.

D. *Que faut-il ajouter à ces matières pour faire l'opaque ou émail ?*

R. De l'oxide d'étain. Et pour faire des verres colorés, on ajoute certains oxides. Ainsi, avec l'oxide de cobalt, on colore le verre en bleu ; avec l'oxide de chrome, en vert ; de manganèse, en violet ; le sous-oxide de cuivre, pourpre.

D. *Dites-nous si l'on peut fondre le verre.*

R. Oui, mais à une température élevée, et que, se ramolissant bien avant de se fondre, il peut, soit par le moulage soit par le soufflage, prendre toutes les formes imaginables.

ALLIAGES

D. *Avec quels alliages forme-t-on le fer-blanc, le laiton, le bronze, le chrysocale, les cloches, la monnaie d'argent et la monnaie d'or ?*

R. Le fer-blanc, avec l'alliage de fer et d'étain ; le laiton, de cuivre et de zinc ; le bronze, de cuivre et d'étain ; le chrysocale, de cuivre et de zinc : les cloches, de cuivre et d'étain : la monnaie d'argent, d'argent et de cuivre, et la monnaie d'or, d'or et de cuivre.

DU SUCRE

D. *Qu'est-ce que le sucre ?*

R. Le sucre est une substance qui a été extraite pendant longtemps de la canne à sucre uniquement ; on en tire maintenant une très grande quantité en Europe de la betterave.

D. *Pourrait-on extraire du sucre de quelque autre plante ?*

R. Oui, on peut l'extraire aussi de la citrouille, de la carotte, des tiges de maïs, etc.

D. *Quand le jus a été exprimé de la betterave ou de la canne à sucre, comment le filtre-t-on ?*

R. On le filtre sur du noir animal, puis on verse le sirop dans des vases en terre de forme conique, et lorsque la cristallisation est effectuée, on retire le sucre de la forme.

———

AMIDON

D. *Comment se fabrique l'amidon ?*

R. L'amidon se fabrique avec des blés. On les met dans des cuves avec de l'eau. Les matières azotées qui accompagnent l'amidon dans ces farines se détruisent par la fermentation. Il devient alors facile d'opérer la séparation par des lavages. L'amidon déposé au fond des vases est ensuite mis à sécher sur des plaques de plâtre cuit. Il se fendille et se divise en petites baguettes de forme prismatique. On obtient encore l'amidon de la farine à l'aide d'un pétrissage mécanique opéré dans un cylindre appelé amidonnière.

———

DU PAPIER

D. *Comment fabrique-t-on le papier ?*

R. Avec des chiffons de toile que l'on fait pourrir dans l'eau. Après avoir divisé ces chiffons pourris à l'aide de machines spéciales, on les délaye dans l'eau et il se fait une pâte que l'on blanchit avec du chlore de chaux ou du chlore gazeux. Cette pâte est mise sur des cadres en bois garnis d'une toile métallique ou sur un cylindre. La pàte, séchée et durcie petit à petit, finit par acquérir la consistance du papier.

FIN.

HISTOIRE NATURELLE

D. *En combien de classes a-t-on partagé les productions de la nature ?*

R. Les savants qui s'occupent des choses naturelles
ont partagé en trois classes, qu'ils appellent règnes,
toutes les productions de la nature. Tous les êtres qui
sont animés composent le règne animal. Toutes les
plantes forment le règne végétal. Toutes les matières
qui sont renfermées dans le sein de la terre sont com-
prises dans le règne minéral.

D. *Expliquez ce que c'est que le règne animal.*

R. Tout ce qui vit sur la terre est de la classe des
animaux ; le plus parfait et le plus noble de tous, c'est
l'homme, parce que lui seul est doué de la raison dont
tous les autres sont privés. L'homme seul a une intelligence qui lui fait discerner le bien et le mal, et par
laquelle il s'élève à la contemplation de la divinité.

D. *Est-ce que les autres animaux ne sont pas
doués de la raison ?*

R. Non. L'homme seul est raisonnable, mais tous
les autres animaux ont un instinct naturel que la Pro-

vidence leur a donné afin qu'ils puissent veiller à leur propre conservation. Nous ne connaissons point la nature de cet instinct, et nous savons fort bien que ce n'est pas la raison, puisqu'il n'en produit pas les effets.

D. *Quels sont les animaux bipèdes ?*

R. Les animaux bipèdes sont ceux qui ont deux pieds, comme l'homme ou les oiseaux.

D. *Quels sont les animaux quadrupèdes ?*

R. Les animaux quadrupèdes sont ceux qui ont quatre pieds, comme le cheval. Les reptiles sont ceux qui n'en ont point, et rampent sur la terre comme le serpent. Il y en a d'autres qui ont un grand nombre de pieds comme les insectes, et d'autres qui n'ont que des nageoires, comme les poissons.

D. *Quel est le plus gros animal des quadrupèdes, et celui qui montre le plus d'instinct et même le plus d'intelligence ?*

R. C'est l'éléphant.

D. *Quel est le plus gros des oiseaux ?*

R. C'est l'autruche.

D. *Quel est le plus gros des cétacés ou animaux de mer ?*

R. C'est la baleine.

D. *Quel est le plus gros des poissons ?*

R. C'est le requin.

D. *Qu'est-ce que les insectes ?*

R. Les insectes sont de petits animaux, la plupart volants, dont les ailes sont recouvertes d'une écaille. On les appelle insectes, parce que leur corps est coupé en plusieurs parties, qui sont la tête, le corselet, qui comprend la poitrine et le reste du corps, qui est composé de l'estomac, du ventre et de la partie inférieure, comme dans les hannetons, les demoiselles, etc. Il y a des insectes non ailés qui n'ont que des écailles, et d'autres tous composés d'anneaux et de jambes, comme les chenilles.

D. *Les vers de terre sont-ils des insectes ?*

R. Les vers de terre ou lombrics sont des reptiles ; mais des vers plus petits et d'une autre espèce que ceux qu'on trouve dans la terre, produisent un grand nombre d'insectes volants dont plusieurs sont fort jolis.

D. *Qu'est-ce que les mollusques ?*

R. On donne le nom de mollusque à des animaux qui habitent le plus souvent une coquille et dont les membres sont remplacés par des espèces de bras ou d'appendices charnus. C'est dans les mollusques du genre des huîtres que l'on trouve les perles.

D. *Qu'appelle-t-on zoophytes ?*

R. On appelle zoophytes ou animaux-plantes, des animaux dont le corps formé d'une plante gélatineuse, sans organes distincts, produit des dépôts pierreux qui offrent souvent la forme d'un végétal, ce qui leur a donné le nom d'animaux-plantes ; tels sont le corail et l'éponge.

D. *Qu'est-ce que les végétaux ?*

R. En général toutes les plantes qui croissent sur la terre, depuis l'herbe la plus petite jusqu'à l'arbre le plus élevé, sont des végétaux.

D. *Un végétal est-il un être vivant ?*

R. Oui, un végétal est un être vivant, organisé, qui naît, s'accroît, vieillit et meurt ; qui a la faculté de se reproduire. c'est-à-dire de produire des graines renfermant le germe d'un être semblable à lui, et qui difffère des animaux en ce qu'il est privé de mouvement et de sensibilité.

D. *Quelle différence y a-t-il d'un arbre à un arbuste et à un arbrisseau ?*

R. La même différence qu'il y a entre un géant et un nain. Les arbres sont des végétaux gros et élevés comme les chênes, les marronniers, etc. Les arbustes sont de fort jolis petits arbres, comme les orangers, les grenadiers, les poiriers, au sommet desquels on peut atteindre avec la main. Les arbrisseaux n'ont point de tronc ; ils sont composés d'un plus grand nombre de petites branches, qui sortent de leurs racines et se séparent près de la terre, comme les rosiers, les framboisiers, les buissons d'aubépine.

D. *Quelle différence y a-t-il entre les herbages et les légumes?*

R. Par le mot légume, il faut entendre les graines qui croissent aux jardins et qui sont enfermées dans des cosses ; et par herbages, les plantes telles que les épinards, le cerfeuil, le cresson, la laitue ; on appelle hortolages, celles qui ont une tige ou des feuilles très dures comme les asperges, les artichauts.

BOTANIQUE

D. *Où peut-on apprendre les noms des plantes, leur structure, et leurs différentes espèces?*

R. C'est dans les éléments de la botanique.

D. *Qu'est-ce que la botanique?*

R. La botanique est une science qui a pour but ou pour objet tout ce qui concerne les plantes.

D. *Combien y a-t-il de sortes de plantes ?*

R. Il y a dans le règne végétal beaucoup de sortes de plantes ; les unes sont appelées plantes médicinales, les autres, plantes d'agrément, et d'autres, plantes nuisibles.

D. *Où se trouve la nourriture des plantes ?*

R. C'est dans la terre que les racines prennent la nourriture ; le suc que prend la racine monte dans la tige et se transforme en sève pour nourrir la plante.

D. *Comment se divise la tige d'une plante?*

R. Elle se divise en rameaux, en feuilles et en fleurs. La portion du rameau qui porte la feuille se nomme *petiole*. Le rameau porte-fleur se nomme *pédoncule*. La peau qui recouvre la tige et les feuilles se nomme *épiderme*. Les feuilles qui constituent le calice portent le nom de *sépales*. Les feuilles qui constituent la corolle portent le nom de *pétales*. Pour le botaniste, la fleur est seulement composée des *étamines* (petites baguettes) ou organes mâles, et des *pistils* (colonnes centrales) ou organes femelles. Le renflement de la base de la colonne est l'*ovaire*. Le calice forme l'enveloppe la plus extérieure de la fleur ; sa destination paraît être de soutenir la corolle.

HYGIÈNE

D. *Quel est le but de l'hygiène ?*

R. L'hygiène a pour but de découvrir les moyen de prolonger la vie et les plaisirs trop fugitifs qu'elle procure.

D. *Qu'est-ce que l'hygiène ?*

R. L'hygiène est un art fondé sur l'observation des phénomènes naturels et sur l'étude de soi-même ; cet art a reçu le nom d'hygiène ou d'hygiotechnie.

D. *Quelle est la puissance de l'hygiène ?*

R. Sa puissance ne va pas jusqu'à faire vivre l'homme au-delà du terme qui lui est assigné par la nature, mais elle peut, du moins, en le préservant d'un grand nombre de maladies, donner à son corps la force et la santé.

D. *Donnez une idée générale et philosophique de l'hygiène.*

R. Si l'on veut prendre de l'hygiène une idée générale et philosophique, il faut la considérer comme un art qui apprend à l'homme à observer et à bien connaître tous les effets que produisent en lui les agents naturels repartis dans la nature entière, et à leur conserver ou leur rendre leur action normale quand ils tendent à s'en écarter.

D. *De quoi l'homme est-il environné ?*

R. L'homme est environné de corps solides, liqueux, ou gazeux ; et de fluides impondérables, l'air, l'atmosphère, la lumière, le calorique, la vapeur d'eau, ces différents corps constituent les agents ou modificateurs cosmiques.

D. *Qu'appelle-t-on modificateurs artificiels ?*

R. Ce sont les corps créés par la main de l'homme comme les vêtements, les habitations, les cosmétiques, etc.

D. *Quelle est l'influence sur l'homme d'une maison basse, humide, mal aérée ?*

R. L'homme qui habite une maison basse, humide, mal aérée, soustraite à l'influence des rayons solaires, le visage de cet homme ne tardera pas à pâlir, ses digestions s'altèrent, ses forces languissent. Ne pouvant soupçonner l'origine du mal qui l'accable, il ne peut s'y soustraire et finit par succomber.

D. *Combien l'hygiène admet-elle d'âges ?*

R. L'hygiène admet cinq âges, savoir : 1º la première enfance; 2º la seconde enfance; 3º l'adolescence; 4º la virilité; 5º la vieillesse.

D. *Quelle est l'étendue ou la durée de la première enfance ?*

R. La première enfance s'étend depuis la naissance jusqu'à l'époque de la seconde dentition, c'est-à-dire vers la septième année.

D. *Que comprend le second âge ?*

R. Le second âge comprend depuis la septième année de l'enfant jusqu'à la quinzième.

D. *Que comprend l'adolescence ou puberté ?*

R. L'adolescence ou puberté se compte de l'âge de quinze à vingt-cinq ans chez l'homme, et de quatorze à vingt-un ans chez la femme.

D. *Que comprend la virilité ?*

R. La virilité s'étend de vingt-cinq à soixante-treize ans chez les hommes et à cinquante ans chez les femmes.

D. *Que comprend la vieillesse ?*

R. La vieillesse n'a pas de terme qu'on puisse assigner; le mot décrépitude exprime le degré le plus avancé de cet âge.

D. *Qu'est-ce qui caractérise la première enfance ?*

R. C'est la prédominance d'action et l'accroissement rapide des organes qui servent à la nutrition, tel que le poumon et les organes digestifs; c'est alors qu'on voit les enfants pressés par une faim presque continuelle.

D. *Qu'est-ce qui caractérise la seconde enfance ?*

R. La prédominance pendant la seconde enfance est en faveur du cerveau, l'enfant cultivant son intelligence. Mais la croissance des organes est cependant rapide dans toutes les parties; l'appétit est vif et les digestions rapides.

D. *Qu'est-ce qui caractérise la puberté ?*

R. Ce qui caractérise l'adolescence ou puberté c'est l'achèvement de l'accroissement du corps, l'évolution des organes qui sont destinés à la reproduction. Le cerveau se développe avec plus d'énergie que les autres organes.

D. *Qu'est-ce qui caractérise la virilité ?*

R. C'est que les organes sont plus riches en fluides sanguins, plus exposés à recevoir l'atteinte des maladies qui dépendent d'un excès de vitalité.

D. *Qu'est-ce qui caractérise la vieillesse ?*

R. La vieillesse se reconnaît à l'affaiblissement de

toutes les fonctions et surtout de celles qui sont destinées à la nutrition.

D. *Qu'appelle-t-on tempérament ?*

R. On désigne par le nom de tempérament ces différences individuelles qui ne sont pas incompatibles avec les santés comme un homme d'une petite stature et des membres gros, un autre d'une haute taille et des membres grêles et allongés.

D. *Combien compte-t-on de tempéraments ?*

R. On en compte quatre, savoir : le tempérament sanguin, le nerveux, le bilieux et le lymphatique.

D. *Faites connaître le tempérament sanguin ?*

R. Le tempérament sanguin tire son nom de la quantité considérable de sang qui circule dans le corps et qui donne à tous les organes une grande énergie. Les hommes sanguins sentent vivement, mais leurs sensations n'ont pas une longue durée. La colère, la douleur, les passions éclatent avec violence et sont suivies de transports terribles; mais ces mouvements désordonnés s'évanouissent avec la même promptitude qu'ils ont pris naissance.

D. *Faites connaître le tempérament nerveux ?*

R. Le tempérament nerveux a de la vivacité et de l'énergie; il est d'une susceptibilité extrême qui va jusqu'à la maladie. La respiration est fréquente et irrégulière; le cœur est petit et bat vite; tous les organes ressentent l'influence du système nerveux.

D. *Faites connaître le tempérament bilieux.*

R. Les personnes d'un tempérament bilieux ont un teint un peu jaunâtre. C'est un état de maladie et non un état normal dont l'étude appartient à l'hygiène.

D. *Faites connaître le tempérament lymphatique.*

R. Ceux qui ont ce tempérament aiment le repos, la tranquillité, le calme de l'esprit aussi bien que du corps.

D. *Quel est en général le tempérament de la femme?*

R. Le tempérament de la femme participe à la fois du nerveux et du lymphatique. C'est au tempérament nerveux que la femme doit la tournure particulière de son esprit, la fécondité, la rapidité de ses conceptions; et du tempérament lymphatique dérivent la forme de son corps, la blancheur et la finesse de sa peau.

D. *Combien de fois un homme en santé respire-t-il par minute?*

R. Il respire dix-huit fois par minute.

D. *Combien a-t-il besoin de litres d'air pour la respiration pendant une minute?*

R. Il en a besoin six litres, et par conséquent trois cent soixante litres par heure, et enfin huit mètres cubes d'air pendant les vingt-quatre heures.

D. *Huit mètres cubes d'air sont-ils suffisants pour la respiration de l'homme par jour?*

R. Ils ne le seraient pas, s'ils n'étaient renouvelés à cause des miasmes que le corps de l'homme y jette.

D. *Pourquoi dit-on que les fleurs enfermées dans des chambres à coucher sont dangereuses?*

R. Parce qu'elles exhalent une grande quantité d'acide carbonique.

D. *Que faut-il exiger pour la salubrité d'une maison?*

R. On doit exiger une ventilation souvent renou-velée, ou l'établissement d'un feu qui brûle continuellement, l'éloignement des matières animales et végétales en putréfaction, les mares, les fumiers.

D. *Donnez quelques préceptes d'hygiène.*

R. 1° Il faut craindre la vapeur du charbon, elle est mortelle ;

2° Eviter avec soin les refroidissements subits ;

3° Tenir ses vêtements toujours propres ;

4° Ne pas s'exposer nu-tête aux ardeurs du soleil ;

5° Régler ses repas ;

6° Ne boire jamais froid quand on est en sueur ;

7° La durée du sommeil doit être de huit heures pour les enfants, de sept heures pour les adultes ;

8° Ne pas dormir sur la terre fraîche.

FIN.

TABLE DES MATIÈRES